アジア理解
講　座　❷

佐藤次高＝編

歴史と現在

キーワードで読むイスラーム

山川出版社

キーワードで読むイスラーム　歴史と現在　目次

第一章 イスラーム 統一と変化の諸相――佐藤次高 3
第二章 コーラン 神の言葉――竹下政孝 21
第三章 スンナとハディース 預言者の言行――竹下政孝 41
第四章 ウンマ 信徒の共同体――柳橋博之 59
第五章 シャリーア 生活の指針――柳橋博之 78
第六章 カリフとスルタン 国を治める者――佐藤次高 97

第七章　タージルとウラマー
都市に生きる人々——加藤　博　115
第八章　ダウラ
国民国家の希望と挫折——加藤　博　136
第九章　イシャーン
中央アジアの聖者と政治——小松久男　157
第十章　ジャポンヤ
イスラーム世界と日本——小松久男　181
あとがき　206

現代のイスラーム世界

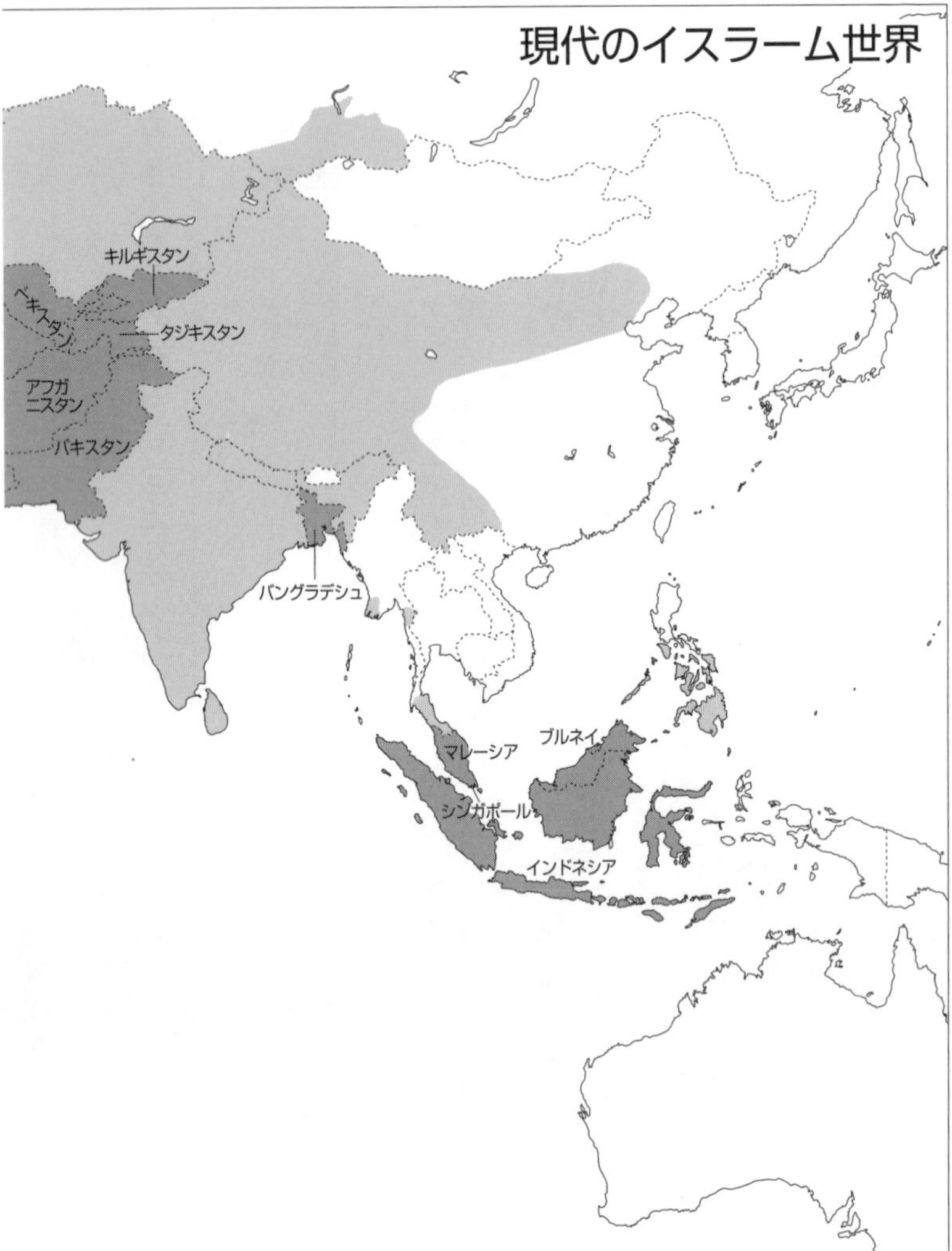
キルギスタン
ベキスタン
タジキスタン
アフガ
ニスタン
パキスタン
バングラデシュ
マレーシア
ブルネイ
シンガポール
インドネシア

イスラーム諸国会議機構加盟国

ムスリム住民が社会的に大きな意味をもつ地域

*イスラーム諸国会議機構には南米のガイアナ，スリナムも加盟している

キーワードで読むイスラーム　歴史と現在

第一章　佐藤次高

イスラーム

統一と変化の諸相

イスラームとは何か

イスラーム(al-Islām)とは、唯一神アッラーフへの絶対的な服従を意味する。アルは定冠詞であり、アル・イスラームあるいはイスラームといえば、一般に「イスラーム教」をさす言葉として用いられる。イスラームの語根は平和を意味するサラーム(salām)の語根と同じであるが、イスラームそのものに平和の意味は込められていない。

また現在では、ムハンマド(五七〇頃〜六三二)が創始した宗教はイスラームの名で統一されているが、コーラン(クルアーン)ではイスラームの他に、イーマーン(信仰)、ディーン(宗教)、ミッラ(アブラハムやモーセ、あるいはソロモンなど過去の預言者が説いた教え、あるいは共同体への帰属)など、さまざまな用語が用いられていた。イスラームがムハンマドの創始した宗教の名称として確定するのは、その教義が体系化される九世紀以降になってからのことである。

イスラームの信者、つまり「アッラーフは唯一であり、ムハンマドは神の使徒であること」を信じる者は、ムスリム(Muslim)と呼ばれる。各地のムスリムたちは信仰の同朋としてイスラーム共同体(ウンマ、あるいはウンマ・イスラーミーヤ)を形成する。ムスリム間の絆は、そのときどきの政治状況によって強くもなり、また弱くもなったが、ムスリムにかんする情報がグローバル化した現在では、信者たちの絆はむしろ強まっているとみるべきであろう。

イスラームは宗教の名称であるが、さらに広く社会や文化・文明の意味にも使われる。イスラーム社会、イスラーム文化、あるいはイスラーム文明などの用法が、このことをよく示している。コーランとアラビア語(のちにはペルシア語やトルコ語も)を拠り所にしてムスリムがつくりあげた社会や文化、あるいは文明には、イスラームに固有で、しかも共通の特徴があるとみなされてきたからである。

しかし、イスラーム社会といった場合、たとえばインドネシアのイスラーム社会とモロッコのイスラーム社会は、はたして共通の性格を備えていたのだろうか。従来は両者の共通性を探ることに主たる関心が向けられてきたが、最近では共通性と同時に多様性にも注意がはらわれるようになってきている。その結果、統一性・共通性に注目する「イスラーム社会」という呼称より、人間の多様性を前面にだした「ムスリム社会」の呼称のほうがいいのではないか。こう主張する研究者の数がふえていることも確かである。

このようにイスラームは便利な言葉としてさまざまに用いられてきたが、イスラーム商人、イスラー

図1　メッカ巡礼　メッカへの巡礼者は、カーバ神殿のまわりを７回まわる行事をおこない、神殿の壁にはめこまれた黒石に手をふれて接吻する。野町和嘉氏撮影。

ム語、イスラーム人などの呼称を耳にすると、笑ってばかりもいられなくなる。ムスリム商人ではなく、イスラーム商人というと、イスラームの旗を押し立てて旅をする商人を思い浮かべてしまうし、イスラーム語やイスラーム人が奇妙なのは、たとえばキリスト語やキリスト人が奇妙なのと同じである。

時としてイスラーム語やイスラーム人などの誤った用法が登場するのは、イスラームがおよんだ地域では、どこでもイスラームの統一的な規範が適用され、同じような社会や文化が形成されると思い込んでいるからではないだろうか。たしかにどの地域のムスリムもアラビア語のコーランを読み、一日五回メッカに向かって礼拝し、さらに断食やメッカ巡礼をおこなうなど共通の行事に注目すれば、イスラーム世界の統一性が強固に浮かび上がってくる。しかし各地域に固有な生活様式や文化の伝統に着目すれば、今度は逆にイスラームの多様性が前面にでてくることになる。現代社会に生きるイスラームの理解をさらに深めるためには、このような「統一性と多様性」を歴史をさかのぼって考えてみることが必要であろう。

越境するイスラーム

血縁による絆を否定し、ひとたび改宗すれば、原則としてどの民族にも平等の権利を与えるイスラームは、当初から地域や民族の枠を越えて拡大する性格を備えていた。七世紀のメッカに誕生したイスラームは、ムハンマドの没時(六三二年)までには、アラビア半島のほぼ全域におよんでいた。しかし、その没後、アラブ・ムスリムによる大征服活動が開始されると、イスラーム世界の範囲は一挙に拡大することになった。
初代カリフに就任したアブー・バクル(在位六三二〜六三四)は、ムハンマドの死によって契約は解消したとみなし、ウンマから離脱(リッダ)したムスリムを討伐すると、シリア・イラクへの大征服を開始した。これは、半島内のアラブのエネルギーを豊かな都市社会・農村社会の獲得へと導く巧みな政策であった。伝統的な略奪行為は、いまや「イスラームのための聖戦(ジハード)」として位置づけられ、これを機にイスラームの歴史は「拡大」へ向けて大きく動き始めたのである。

この征服活動によって、七世紀なかばころまでには、東はイラン東部から西はリビアにいたるまでの広大な地域がイスラーム政権のもとに組み込まれた。さらに八世紀にはいると、東方ではアム川以東のマーワラーアンナフルと、西方ではマグリブ・アンダルシアがあらたにイスラーム世界に加えられた。初期の征服活動によって形成されたこのイスラーム世界を「第一のイスラーム地域」と呼ぶことにしよう［佐藤 2000:50–51］。

成立当初のこのイスラーム地域は、メディナのカリフを頂点に戴き、しかも少数のアラブ・ムスリムによって支配される政治的な統合体にすぎなかった。しかし七世紀末からはアラブ式貨幣の発行が始まり、地方の行政用語も現地語からアラビア語へと順次切り替えられていった。こうしてコーランの言葉であるアラビア語は、帝国内の諸民族によって広く用いられる共通語となり、またイスラーム化の進展によって、十世紀ころまでには、イラク、シリア、イラン、エジプトなどでもムスリムが多数派を占めるにいたった。

前述のアラブ化やイスラーム化の進展は、「第一のイスラーム地域」の成熟をうながす大きな要因であった。またさらに、九世紀ころまでにイスラーム法(シャリーア)が整えられると、シャリーアを施行することがカリフやスルタンの責務となり、日常生活に占めるシャリーアの比重も徐々に高まっていった。シャリーアが施行される地域をダール・アルイスラーム(イスラームの館)と呼ぶが、「第一のイスラーム地域」はちょうどこのダール・アルイスラームと一致していたことになる。

ところが九世紀ころになると、高踏的で難解な教義を説く知識人(ウラマー)に反発して、修行によって神との一体感をえようとする神秘主義(タサウウフ、あるいはスーフィズム)が流行し始めた。この新潮流はまもなく都市の民衆や農民のあいだに浸透し、都市の下層民や農民の改宗をうながす結果をもたらした。さらに十二世紀以降になると、イスラーム世界の各地で神秘主義教団(タリーカ)があいついで結成されるようになった。

おもな教団名をあげれば、イラクのカーディリー教団、リファーイー教団、スフラワルディー教団のほかに、中央アジアのヤサヴィー教団、クブラヴィー教団、ナクシュバンディー教団などがあった(『新イスラム事典』タリーカの項)。これらの教団の成員たちは、アフリカ、中国、インド、東南アジアへと赴いてイスラームの教えを熱心に説いてまわった。その結果、イスラーム世界は第一の地域を越えてさらに拡大し、現代へと続く「第二のイスラーム地域」が形成されたのである。

この第二の地域のなかには、イスラーム政権が樹立され、シャリーアの施行によってダール・アルイスラームに組み込まれた地域もあれば、その外側のダール・アルハルブ(戦争の館)のなかにあって、部

図2　踊るスーフィー　スーフィー（神秘主義者）たちは、神の名を繰り返し唱えたり、音楽にあわせて踊ったりすることによって、神との一体感をもとめた。

出典：Bernard Lewis（ed.）, *The World of Islam*, London: Thames and Hudson, 1976.

分的なムスリム社会の形成だけにとどまった地域もある。

「第二のイスラーム地域」に大きな変化があらわれるのは、第二次世界大戦後のことである。中東・南アジアのムスリムたちは、かつてのような出稼ぎではなく、定住を目的としてヨーロッパ諸国へ移住していった。一九六〇年代になると、トルコ人は主としてドイツへ、マグリブのムスリムはフランスへ、そしてバングラデシュのムスリムはイギリスへと移住を開始した。その結果、現在ではドイツに約一七〇万人、フランスに二五〇万人、イギリスには一五〇万人のムスリム移民が生活するとされている[内藤 1996；梶田 1993：5–6]。

一方、アメリカ合衆国では、黒人社会のあいだに再イスラーム化の動きが強まり、ムスリム人口は増大しつづけている。ヨーロッパ社会へのムスリムの移住やアメリカでの再イスラーム化によってもたらされたもの、それはイスラームのグローバル化にほかならない。この拡大によって形成された地域(中東などを含む)を「第三のイスラーム地域」と名づけるとすれば、第三地域の周縁部はかなり流動的であり、さらに拡大していく可能性を秘めている。この地域において、地元住民と移住民とのあいだに生じる摩擦や紛争を解決し、共存の道をみいだすためには、どうしたらいいのか。この問題を考えるうえでも、イスラームへの深い理解は不可欠であるといえよう。

コーランとアラビア語

コーランは人類にたいしてアラビア語でくだされた神の啓示である。八世紀なかば以後、ムータズィラ派の神学者たちは、もしコーランが創造されたものでないとすれば、世界にはアッラーフとコーランと二つの非創造物が存在することになり、これでは唯一性(タウヒード)の原理に背くことになると主張した。コーランの創造説は、一時アッバース朝の宮廷で支配的となったが、結局、多数のムスリムを同調者とすることはできなかった。おおかたのムスリムは、コーランは神の言葉そのものであり、それは神とともに永遠であると考えている。

コーランについては第二章で詳しくふれられるが、コーランが現在のようなかたちに整えられたのは、第三代正統カリフ・ウスマーン(在位六四四〜六五六)の時代である。それまで預言者ムハンマドにくだされた啓示は、信者たちによって暗唱され朗唱されていたが、時代がくだり、イスラーム世界の範囲が拡大すると、伝えられた章句に異動が生まれてきた。このような事態に危機感を抱いたウスマーンは、コーランの正典化を命じ、その全体を一冊にまとめさせた。これが現在に伝わる全一一四章からなるコーランである。

ムスリムは、コーランの啓示をムハンマドが示した最大の奇跡であるとみなしている。しかもこの奇跡がアラビア語によってなされたことは、のちの歴史の展開にはかり知れないほどの意味をもつことになった。七世紀に誕生したイスラーム国家では、アラビア文字を刻んだ貨幣が発行され、帝国の行政はアラビア語によっておこなわれ、さらに商取引の言語も共通語であるアラビア語でなされるようになったからである。またアラビア語は学問の言語でもあり、法学・神学・伝承学・歴史学・文法学などの「アラブの学問」、あるいは医学・哲学・数学・天文学・幾何学・地理学などの「アジャム(外来)の学問」の研究成果は、ほとんどがアラビア語によって著された。

しかし十世紀になると、サーマーン朝(八七五〜九九九年)治下のイランでは民族言語としてのペルシア語が復活し、詩や散文はペルシア語で記されるようになった。また同じころ、西アジアに進出してイスラーム化したトルコ人も、ペルシア語のほかにトルコ語を用いて著作活動を開始した。フィルドゥースィー(九三四〜一〇二五)の『シャー・ナーメ』は、この頃に著されたイラン民族叙事詩の代表作であり、ユースフ・ハージブ(一〇一八/九頃〜?)の『幸福の知識(クタドゥク・ビリグ)』は、トルコ語で書かれた最古の作品とされている。

しかしペルシア語やトルコ語の著作が広まり始めても、アラビア語はなお学問言語・宗教言語として重要であった。とりわけコーランはアラビア語のまま暗記し、アラビア語で朗唱することが義務づけられていたから、アラビア語を母語としない地域のムスリムも、多くの子弟がアラビア語の学習に励んだのである。一九八〇年代の終わりから九〇年代の初めにかけて、私は北京、蘭州、ウルムチ、トルファン、カシュガル、福州、泉州、上海、昆明、大理などの清真寺(モスク)や経学院(マドラサ)を訪問する機会を与えられた。中国におけるイスラーム研究の現状を調べるためである。そのとき驚いたのは、どのモスクや経学院を訪ねても、たいていアラビア語を話すイマームやアホン(シャイフ)がいて、アラビア語で十分な会話ができたことである。なかにはエジプトのアズハル大学で勉強した経歴の持ち主もいたが、多くは中国国内の大学や経学院でアラビア語を習得したとのことであった。

現在では、コーランの日本語訳が何種類かあるように、コーランは韓国語、中国語、ウイグル語、ロ

図3　コーラン「開扉の章」　コーランは、アラビア語によって人類に伝えられた神のメッセージである。メッカ啓示とメディナ啓示をあわせて一一四章からなる。

図4　北京の清真寺　北京・牛街にある中国風建築のモスク。十二世紀頃、シルクロード経由でイスラームが伝えられてから建設された。

シア語、フランス語、英語、ドイツ語、ヒンディー語、インドネシア語など世界のさまざまな言語に翻訳されている。イスラームの規定によれば、これらの翻訳はコーランそのものではなく、その注釈書ないしは解説書とみなされている。先に述べたように、各地のムスリムはアラビア語によってコーランを学ぶことを原則にしているが、これらの翻訳書がムスリム以外の人々によるコーランやイスラーム理解の進展に重要な役割をはたしてきたことは疑いのない事実であろう。

イスラーム法の多様性

イスラーム法(シャリーア)は、ウラマー(知識人)の努力によって、九世紀ころまでに体系化された。その典拠となったのは、コーランとハディース(預言者の言行を伝える伝承)であるが、シャリーアには人間がムスリムとして生きるうえでの基本的な指針が示されている。

具体的な例をひとつあげてみよう。シャーフィイー派法学の祖シャーフィイー(七六七〜八二〇)の主著『母の書』は全八巻から構成されているが、その内容は以下のようである[佐藤 1999:25-26]。

沐浴、礼拝、月経、水乞い、葬礼、ザカート(救貧税)、サダカ(喜捨)、断食、巡礼、狩と屠殺、食の禁忌、売買、人質、契約、ワクフ(寄進財産)、遺産、遺言、ジズヤ(人頭税)、異教徒との戦い、婚姻、結婚契約、婚資金その他の支払い、離婚、傷害事件、ハッド(切断)刑、裁判、証言、ハラージュ(地租)。

一見して、食生活や宗教儀礼、結婚と離婚、葬式、遺産相続、裁判、租税、戦争など日常生活と密接に関連する事柄が扱われていることは明らかであろう。これらの全体がシャーフィイー派の考えるシャリーアの全体系ということになる。

シャーフィイー派以外の法学派についていえば、アブー・ハニーファ（六九九頃〜七六七）を祖とするハナフィー派は、他の学派より地域の慣行や個人的意見を広く採用した法学派であった。またマーリク・ブン・アナス（七〇九頃〜七九五）を祖とするマーリク派は、ハディースよりメディナ社会の慣行を重視し、その法規定は概して穏健であったが、背教は死に値するとみなしたとされる。一方ハンバル派は、マーリク派と異なり、ハディースを重視するとともに、イスラーム神秘主義（スーフィズム）を厳しく批判するなど、規定を厳格に適用する法学派として知られている。

スンナ派の法学派は、字義通りの解釈を旨とするザーヒル派など、ほかにもさまざまな学派が形成されたが、主要なものは以上の四学派である。シーア派法学もコーランとハディースを典拠にして体系化されたという点ではスンナ派法学と異ならない。しかしコーランの語句には隠された第二の意味があるとし、預言者の言行録のほかに、歴代イマームの言行をまとめた聖言行録を重視するなどの点でスンナ派法学とは異なっている。

いずれにせよ、九世紀ころまでにイスラーム法の体系化が進み、さまざまな法学派が形成されるようになると、個々のムスリムはいずれかの法学派に帰属するようになった。たとえば、歴史家タバリー（八三九〜九二三）の名前は、アブー・ジャーファル・ムハンマド・ブン・ジャリール・アッタバリー・アッシャーフィイーと表記される。これは、タバリーがシャーフィイー法学派に属していたことを示している。

このような個々のムスリムの法学派への帰属問題は、イスラーム国家におけるシャリーアのあり方と密接に関連していた。要約していえば、ひとつのイスラーム国家にひとつのイスラーム法が適用されたのではなかったのである。たとえばアッバース朝のもとでは、前述のシャーフィイー派やハナフィー派の法学などがそれぞれ権威ある法として認められていたことに注意しなければならない。つまりアッバース朝国家はあるひとつの法学派だけを公認の学派として認定したのではなかったことになる。したがって訴訟が起これば、政府がどの法学派を好ましいと考えていたにせよ、裁判は被告人が属する学派の法によって裁かれるのが慣行であった。ひとつのイスラーム国家にひとつのイスラーム法が施行されていたというのは、おおいなる誤解といわなければならない。

ムスリム社会の諸相

西アジアを中心とするイスラーム世界は、都市と農村と遊牧社会から構成されていた。イブン・ハルドゥーン(一三三二〜一四〇六)によれば、国家の副産物である都市(マディーナ)は、必然的に権力と富が集まるところであった[イブン・ハルドゥーン 1979:334]。都市内部には宮殿が建設され、中心部にあるモスクに隣接して迷路のような市場(スーク、バーザール)が広がっていた。

従来のイスラーム都市研究は、イスラームの理念によって統合された「イスラーム都市」の存在をめぐって議論を重ねてきたが、近年はこのような研究法にたいして厳しい批判が寄せられている[羽田・三浦

1991]。イスラームの理念に合致した都市など存在しなかったのではないか。また、そもそも各地域の生活習慣や文化の伝統を越えた普遍的なイスラーム都市は存在したのだろうか。これらが、いわゆる「イスラーム都市論」にたいする疑念の表明である。

結局のところ、「青い鳥」のようなイスラーム都市を探すのではなく、各地域の風土と文化に固有なムスリム都市社会の実態を明らかにすることが必要であるように思われる。このような視点に立ってみれば、イスラーム世界のどの地域にも共通する画一的な都市ではなく、地域ごとに異なる個性的なムスリム都市が浮かび上がってくるはずである。

一方、西アジアの農村社会と農民は、しばしば思い込みによる誤解の対象とされてきた。イスラーム社会の基本は「都市と商人」にあるとされ、「農業と農民」の役割は、経済的にも、また文化的にきわめて小さいものだとみなされがちであった。しかしイスラームの歴史を一貫して、諸国家の歳入の第一は農民から徴収される地租（ハラージュ）収入であったことに留意しなければならない。ウマイヤ朝からアッバース朝にかけて、さまざまな官庁（ディーワーン）が設置されたが、それらのうち第一に重要な地位を占めてきたのは、常に租税庁（ディーワーン・アルハラージュ）であったことが、このことを端的に物語っている。

都市の知識人（ウラマー）は、田舎の農民を愚昧な人間として軽蔑の対象にしてきたが、農民の子弟のなかには学問を修めてウラマーの一員となる者があったし、そもそも農村からの食糧の供給がなければ、都市の生活は一日たりとも成り立たなかったのである。たしかに農村からの富は都市に集中され、文化活動も都市を中心に展開されたが、西アジア・イスラームの歴史を正しく理解するためには、灌漑に基づく豊かな農業生産と都市民と密接な関連を保ちながら生きる農民の存在を十分に考慮することが必要であろう。

都市や農村の定住民に比べて、遊牧民(ウルバーン)は機動力と武力とを合わせもつ「強い存在」であった。ラクダ・馬・羊などを飼養する遊牧民は、定住民に乳製品や毛織物を提供し、その対価として穀物や衣服その他の生活必需品を購入した。また政府と契約を結び、駅伝(バリード)用の馬を提供し、その見返りにアミールの称号やイクター(分与地)を与えられることもあった。

しかし定住民との交渉がうまくいかなければ、キャラバンやメッカ巡礼団を襲撃し、殺人や略奪をおこなうこともしばしばであった。メッカ巡礼の保護はカリフやスルタンの重要な務めであったから、十三世紀ころになると、「巡礼のアミール」が軍団を率いて巡礼団の保護にあたることが慣例となった。一方、重税にあえぐ農民たちが、遊牧民の武力を頼りにして抗租反乱に立ち上がることも珍しいことではなく、年代記には、遊牧民に率いられて農民たちが「納税を拒否して、道路を切断した」と伝える記事が登場する[佐藤 1986:263-284]。

このように都市民と農民と遊牧民は、さまざまなかたちで相互に関係を取り結び、西アジア・イスラーム世界に固有な生活様式や経済・文化のかたちを生み出してきた。しかし西アジアに限ってみても、生活や文化の様相は地域ごとに異なっていた。カナート灌漑によるイラン、ティグリス・ユーフラテス川によるイラク、天水農業のシリア、ナイルに依存するエジプトなど、農業生産の方法だけを取り上げ

図5　カイロのスーク　香辛料を商うカイロ旧市街のアッタール(生薬商)。

図6　エジプトの農村　下エジプトでは大小の運河が縦横にはしり、ナイルの増水を利用した農業が営まれてきた。

てみても、地域の独自性が生き続けてきたのである。またムスリム商人でさえ、地域社会の特産品や独自な生産方法に対応して、取引の仕方にもさまざまな工夫をこらしてきたことを知らなければならない。ムスリム社会の歴史を知り、イスラームの現状を理解するためには、以上のような統一と変化の諸相をあわせて考えてみることが必要であると思う。

参考文献

イブン・ハルドゥーン、森本公誠訳『歴史序説』第一巻　岩波書店　一九七九年
梶田孝道編『ヨーロッパとイスラム――共存と相克のゆくえ』有信堂　一九九三年
佐藤次高『中世イスラム国家とアラブ社会――イクター制の研究』山川出版社　一九八六年
佐藤次高「イスラーム国家論――成立としくみと展開」（『イスラーム世界の発展』〈岩波講座世界歴史10〉岩波書店　一九九九年　三～六八頁）
佐藤次高「アラブ・イスラーム世界の拡大」（辛島昇・高山博編『地域の成り立ち』〈地域の世界史3〉山川出版社　二〇〇〇年　一八～五一頁）
内藤正典『アッラーのヨーロッパ――移民とイスラム復興』東京大学出版会　一九九六年
日本イスラム協会監修『新イスラム事典』平凡社　二〇〇二年
羽田正・三浦徹編『イスラム都市研究』東京大学出版会　一九九一年

第二章　竹下政孝

コーラン

神の言葉

ムスリムにとってのコーラン

コーラン（正しくはクルアーン）がムスリムの啓典であることは誰でも知っている。しかし、この書がイスラームの創始者ムハンマドによって書かれたと考えている人は意外に多い。たとえば、ある時、中学の歴史の参考書を見ていたら、「コーランとは『読むべきもの』という意味で、ムハンマドのことばを集録したもの」とあった。中学校のレヴェルで、ムハンマドとコーランについて習うというのはすばらしいことだけれども、コーランをムハンマドの言葉とするのではイスラーム理解にはならない。

ムスリムにとって、コーランは一言一句神の言葉そのままであり、ムハンマドを含めて人間の手は一切加わってはいない。ムハンマドの言葉を伝承したものはハディースと呼ばれて、コーランからは厳密に区別されている。もちろんムスリムでない者が、コーランをムハンマドの言葉であるとみなすのは自由だけれども、コーランの著者が神であるのか、ムハンマドであるのかという問題は信仰の根幹にかかわるものであるということは知ってほしい。イスラームとは、コーランを神の言葉と信じることであるといいきっても過言ではない。この点で、ムスリムにとって聖典コーランがもつ意味は、キリスト教徒にとって聖書がもつ意味よりも、イエスがもつ意味に近い。キリスト教では、永遠の神の言葉が人間となったのにたいして、イスラームでは、永遠の神の言葉は啓典コーランとなったのである。

神が第一人称で語るというコーランはユダヤ教、キリスト教、仏教などの聖典と異なるイスラームの特徴である。しかし、イスラームの教えでは、このような啓典はけっしてコーランだけではなかった。神から、啓典を授けられた者を使徒(ラスール)と呼ぶが、モーセもイエスも使徒であり、それぞれ啓典タウラー(律法の書)と啓典インジール(福音書)を授けられた。そのほかにもコーランには、預言者ダヴィデに授けられたザブール(詩篇)についても言及されている。ただし、現在のユダヤ教徒のトーラー(旧約聖書の最初にあるモーセの五書)や現在のキリスト教徒の福音書は、モーセやイエスが授かった啓典そのものではないとムスリムは考えている。これらの啓典は、後世の人々によって正しく伝承されず歪曲されてしまったからである。それでも、ユダヤ教徒や、キリスト教徒は、啓典の民と呼ばれほかの諸宗教とは区別された特別の地位を与えられている。

しかしムスリムは、同じ神から授けられたとされるタウラーやインジールの内容にはほとんど興味を示さなかった。その理由は、現在残されているものが歪曲されたものであるからというだけではない。ムハンマドにコーランが授けられたことによって、それ以前の啓典はすべて廃棄されたとみなすからである。ムハンマドは最後の使徒であり、コーランは最後の啓典である。

天のコーラン・永遠のコーラン

キリスト教においては、イエスがこの世に生を受ける前から、神の御言葉(ロゴス)として先在していたと考えられているように、イスラームにおいてもコーランはムハンマドに啓示される前から、天の書として先在していたと考えられている。またコーランの以下の節に言及されている「守護された銘板」や「啓典の母」という表現も天のコーランをさすと考えられている。

いやこれは、栄光に満ちたコーランで、守護された銘板のなかにある。(第八五章第二一・二二節)

それ〔コーラン〕はわが許の、啓典の母のなかにあり、高く英知に満ちている。(第四三章第四節)

このように、ムハンマドへの啓示以前に、コーランが天の書として先在していたという考えは、断片的にムハンマドに啓示され、彼の死後、はじめて書物として結集されたにもかかわらず、コーランが編集段階においても人間の手がまったくはいっていないということを保証する。

ムスリムのもっているコーランへの崇敬の念は、このようなコーラン先在論から、コーランは被造物ではないとする説へと自然に移行していった。神の唯一性を厳格に護ろうとするムータジラ派の神学者は、当然のことながらコーランの被造性を主張した。それにたいして、ハンバル派の祖であるアフマド・イブン・ハンバルは「コーランは創造されざる神の言葉である」と主張して弾圧された。おそらくイブン・ハンバルは天の書として書かれたコーランも永遠であると考えたのであろうが、のちにイブン・ハンバルの意志を継いで、ムータジラ派に反論したアシュアリー派の神学者たちは、可視的なコーランと不可視のコーランを区別し、後者を、神の属性としての言葉(文字や音ではない心の言葉)とみなして、永遠であると主張した。コーランの被造性をめぐる長期の論争は、最後には、ムータジラ派が消滅し、コーラン被造物説は異端の烙印《らくいん》を押されたことで決着した。

奇跡としてのコーラン

コーランは預言者ムハンマドの奇跡であり、ムハンマドが神の預言者であることの証明である。奇跡とは、預言者であることを信じない人々にたいして預言者性を証明するために、神が預言者に与えるもので、過去のすべての預言者も奇跡をおこなった。モーセは魔術合戦でファラオの魔術師たちを破ったし、イエスは病気治しをおこない、死者までを蘇らせた。ムハンマドは文盲であったと考えられており、そのムハンマドが人間には真似のできないような類まれなる荘厳さ、美しさをもつコーランをもたらしたことが奇跡なのである。このことはコーラン自体のなかで、何度も言及されている。

彼らは、「彼〔ムハンマド〕がこれ〔コーラン〕を偽作した」というのか。いや彼らは信じてはいないのである。もし彼らの言葉が真実なら、これと同じお告げをもってこさせるがよい。(第五二章第三三・三四節)

言ってやるがいい。「たとえ人間とジンが一緒になって、このコーランと同じようなものをもたらそうと協力しても、到底このようなものをもたらすことはできない」(第一七章第八八節)

もしおまえたちが、私の僕《しもべ》［ムハンマド］にくだした啓示を疑うならば、それに類する一章でもつくってみよ。（第二章第二三節）

神は、人々に神の選んだ預言者の預言者性を証明するために、その社会でもっとも重要視されていたことがらにかんして奇跡をおこなう力を預言者に与える。モーセの時代のエジプト社会で、もっとも重要視されていたのは魔術であった。イエスの時代には医学であった。ムハンマドの時代のアラブ社会では言葉の力（詩や雄弁）がもっとも重要視されていた。それゆえ神は言語作品であるコーランを彼への奇跡として授けたのである。実際、コーランの美しさにより、それが神の言葉であると悟り、イスラームに改宗した人々の逸話も多い。

たとえば、のちに第二代カリフとなったウマルは、最初、イスラームに敵対していたが、偶然ターハー章（第二〇章）を読んで、その荘厳さに打たれ、ただちにイスラームに改宗した。大詩人ラビード・イブン・ラビーアは「また（別の言葉で譬《たと》えるなら、）一天にわかにかき曇って暗雲たれこめ、あたりは真の闇、雷鳴殷々《いんいん》ととどろき、電光閃々《せんせん》と輝くとき、その鳴動の激しさに、死の恐怖にかられて思わず指を両の耳につっこむ連中のようなもの。だがアッラーは不信仰者どもを全部ぐるりと取りかこんで逃げも隠れもさせはせぬ」［井筒訳 第二章第一九節 1957］というくだりを聞いて、それが人間の言葉を超えた神の言葉であることを悟り、イスラームに改宗したという。

コーランの歴史

天の書として、先在していたコーランは歴史的には、ムハンマドに二三年間にわたって断片的にくだされた。最初に啓示がくだったのは、ムハンマドが四十歳のとき、メッカの郊外にあるヒラー山の洞窟にこもっているときで、つぎのようなものであった。

誦《とな》えよ、「創造なされる御方、汝の主の御名において。凝血から、人間は創られた」

誦えよ、「汝の主は最も高貴な方であられ、筆によって〔書くことを〕教えられた御方、人間に未知なることを教えられた御方である」（第九六章第一～五節）

最初の語「誦えよ」（イクラア）は、「読む、朗誦する」という意味の動詞カラアの命令形である。コーランの原語であるクルアーンは、この動詞から派生した名詞形で、「読まれるもの、朗誦されるもの」を意味する。さて、この最初の啓示は、西暦六一〇年ラマダーン月のカドルの夜（一般に二十七日とされるが、二十三日、二十五日という説もある）にくだったとされる。カドルとは、威力、あるいは神命・運命を意味し、この夜に天使がきたる一年間の神命をもたらすためにくだってくるといわれる。ラマダーン月はイスラーム世界では、日中の断食が義務づけられている聖なる月であり、カドルの夜はとくに聖なる夜として祝われている。

最後に啓示されたのは、「あなたがた信仰する者よ、〔真の〕信者ならば、神を畏《おそ》れ、利息の残額を帳消しにしなさい」（第二章第二七八節）あるいは、「あなた方は、神に帰される日のために〔神を〕畏れなさい。そのとき各人が稼いだ分にたいし清算され、誰も不当に扱われることはないであろう」（第二章第二

図1　コーラン「開扉の章」 16世紀のオスマン帝国のスレイマン大帝のために作られたコーラン写本の第一ページで、開扉章が書かれている。トルコ・イスタンブル、トプカピ宮殿博物館所蔵。

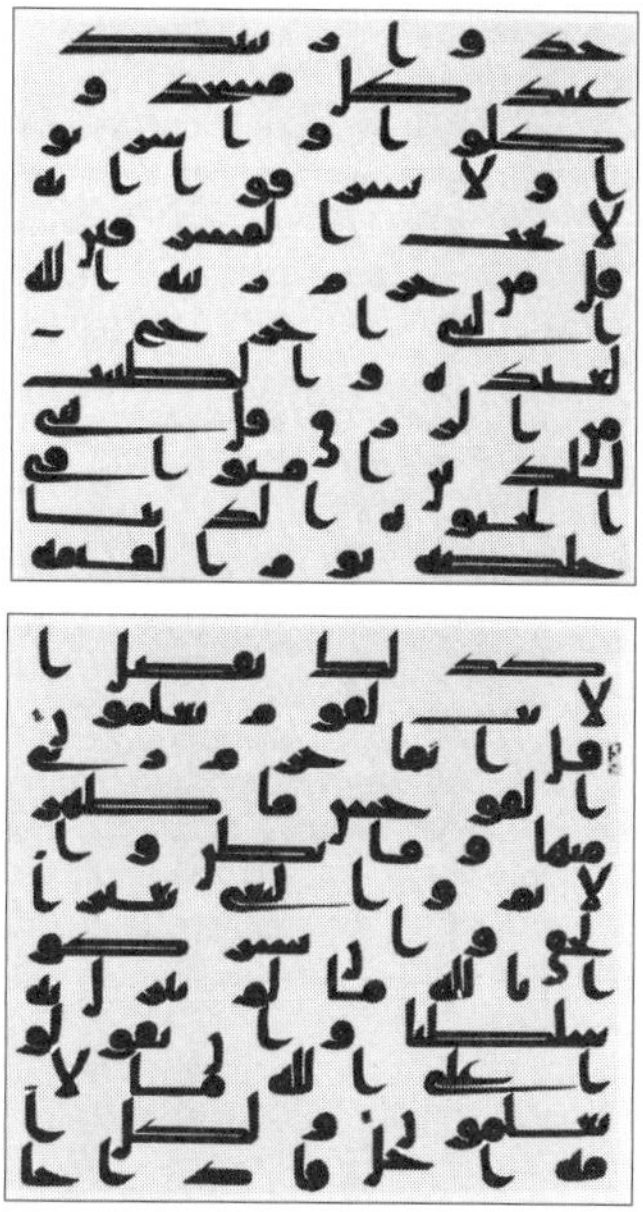

図2　伝ウスマーン本　第３代カリフ、ウスマーンが、648年にイスラーム世界各地に送った五部の欽定コーランのうちの一冊であると伝えられているもの。現在はウズベキスタン共和国のブハラのモスクに保管されている。

出典：Isma'īl R. al Fārūqī, Lois Lamyā' al Fārūqī, *The Cultural Atlas of Islam*, New York: Macmillan, 1986.

八一節)であるとされる。一説によるとこの啓示の八一日後、預言者は亡くなったという。

啓示は、預言者にそれがくだった度に、暗誦され、口伝されていた。またナツメヤシの葉や獣皮木片や石版に記録されたともいわれる。ムスリムがメッカからメディナに移住(ヒジュラ)したあとは、預言者の書記でもあったウバイイ・イブン・カーブを長とする朗誦者グループが啓示を暗誦したといわれる。またムハンマドは彼の最期の年、このようなカーリウと呼ばれるコーラン朗誦者を集め、コーラン全編を二度完読させたといわれる。つまり、ムハンマドの生前には、まだ書物としてのコーランは存在していなかったが、全編を現在の配列順序で暗誦できる人々が存在し、また書物として編纂されてはいないが、書かれたものも存在していたと考えられている。伝承によると、ムハンマドの死後、このような暗誦者の多くがヤマーマの戦いで戦死したために、ウマルの進言により、時のカリフであるアブー・バクルが、預言者の書記グループの一人であったザイド・イブン・サービトに命じて、コーランをはじめて書物のかたちで結集させた。いわばアブー・バクルの私家本だったこのコーランは、アブー・バクルの死後、二代目カリフ、ウマルの所有となり、彼の死後は、ウマルの娘で、ムハンマドの妻の一人であったハフサの家に保管されハフサ本と呼ばれる。

三代目カリフ・ウスマーンの時代には、イスラームはアラビア半島を越えて広がり、広大になったイスラーム世界の各地で、コーランが異なったかたちで書かれ、異なったかたちで朗誦されるようになった。このままでは、神の言葉が歪曲《わいきょく》されて伝えられてしまうことを恐れたウスマーンは、ふたたび、ザイド・イブン・サービトを含む五人のコーラン朗誦者に命じて、ハフサ本から複数の写本をつくらせる。これらの写本は一部はメディナ、一部はメッカに保管され、ほかはシリア、クーファ、バスラ、イエメン、バフラインに送られた。また、これ以外に各地に存在していた異本を集めて、メディナに送らせ、焼却させたといわれる。このウスマーン本こそ、以後のすべてのコーランの原本であり、コーランにはそれ以外のいかなる異本も存在しないとされる。しかし、実際には異本が存在したことは知られており、西欧の研究者による異本の研究もある。だが前述したように、現在のコーランが、一言一句神がムハンマドに授けた神の言葉そのままであるというのはイスラームの信仰の根幹であるので、キリスト教の聖書批判学のようなものは現在でもイスラームには存在しない。

コーランの構成

コーランは一一四章からなる。章名は、便宜的につけられたもので、普通は、啓示の一部とは考えられていない。複数の章名をもつ章もある。各章はさらに節に分けられる。第九章を除くすべての章はバスマラと呼ばれる「慈悲深き、慈愛あまねき神の御名において」という文句で始まる。バスマラは第一章を除いては、節に数えられない。なぜ第九章にバスマラが欠如しているのかにかんしてはいろいろな説があるが、真相はわからない。七節からなる第一章（「開扉の章」）は、キリスト教の「主の祈り」に相当する神にたいする祈りの文句であり、礼拝では必ず唱えられるので、ムスリムならまずたいていこの章は暗誦している。コーランは神が第一人称で語りかけたものなので、人間が神に祈る文句の場合には、「誦えよ」とか「言え」とかの命令が前におかれるのが普通だが、第一章は例外的にそのような文句がない。開扉章に対応して、コーランは第一一三章と一一四章の悪魔払いの呪文の章で終わる。
残りの章は大体において、長いものから短いものへと配列されている。最長の第二章は二八六節からなり、一番短いのは第一〇八章で、全三節一〇語からなる。また各章はメッカで啓示されたものとメディナで啓示されたものとに分けられる。メッカ啓示は全部で九三章あるが短い章が多い。メディナ章は二一章であるが、いずれも長編であり、コーランの前半部を占める。それゆえ、コーランを最後から最初に逆に読んでいけば、大体啓示のくだった順序で読んでいくことができる。

コーランの文体

コーランは全編にわたって、サジュウ体と呼ばれる韻を踏んだ散文で書かれている。韻は詩ほど厳密ではなく、また韻と韻とのあいだの長さにも決りがない。また詩は、最初の半行で韻が決まったら、同じ韻が詩の最後まで続くのにたいして、サジュウ体では、韻はつぎつぎにかわっていく。一般にメディナ啓示では、韻と韻との間隔が長く間延びした感じを与えるのにたいし、メッカ啓示では、韻と韻との間隔が短く、またどんどん韻が変わっていくので、たたみかけるような迫力をもっている。ここでは、典型的なメッカ啓示である第一〇〇章によってサジュウ体の実例をみてみよう。

wa-l-'ādiyāti ḍabḥā　（ワルアーディヤーティ　ダブハー）
fa-l-mūriyāti qadḥā　（ファルムーリヤーティ　カドハー）
fa-l-mughīrāti ṣubḥā　（ファルムギーラーティ　スブハー）

fa’atharna bihi naq‘ā　（ファアサルナ　ビヒ　ナクアー）
fawasaṭna bihi jam‘ā　（ファワサトゥナ　ビヒ　ジャムアー）
inna-l-insāna li-rabbihi lakanūd　（インナルインサーナ　リラッビヒ　ラカヌード）
wa-innahu ‘alā dhārika lashahīd　（ワインナフ　アラー　ザーリカ　ラシャヒード）
wa-innahu li-ḥubbi l-khayri lashadīd　（ワインナフ　リフッビルハイリ　ラシャディード）
afalā ya‘lam idha bu‘thira mā fi-l-qubūr　（アファラー　ヤーラム　イザ　ブウシラ　マー　フィルクブール）
waḥuṣṣila mā fi-ṣ-ṣudūr　（ワフッシラ　マー　フィッスドゥール）
inna rabbahum bihim yawma’idhin lakhabīr　（インナ　ラッバフム　ビヒム　ヤウマイジン　ラハビール）

鼻嵐吹き疾駆して、
蹄に火花散らしつつ、
暁かけて襲撃し、
砂塵濛々まき起こし、
敵中ふかくおどり込む〔駿馬にかけて〕。
まことや人は恩知らず、
それをわが身で証言《あかし》して、
宝の慾のすさまじさ。
はてさて、わからないのか、墓の中身が発《あば》き出され、

胸の思いがことごとく引き出される時、
その日こそ、彼らのことは神様が何から何まで全部御存知ということが。［井筒訳 1957］

もとより子音の豊富なアラビア語をカタカナで完全に表記することはできない。しかし、そこに流れる独特のリズムを感じることはできよう。しばしばコーランの美しさはアラビア語で読まなければ理解できないといわれる。とくにカーリウと呼ばれるコーラン朗誦者によって朗誦されたとき、コーランはもっともその美しさを増す。井筒俊彦は、カーリウによって朗誦されたコーランをはじめて聞いたときの印象をつぎのような名文に書き記している。

『コーラン』の原語「クルアーン」Qurʾānとは、もと読誦を意味した。この聖典は目で読むよりも、文句の意味を理解するよりも、何よりも先にまず声高く朗誦されなければならない。考えて見るともう一昔も前になるが、始めて本格的な「カーリウ」（コーラン読み）の朗誦を聴いた時、僕はやっとこの回教という宗教の秘密がつかめたような気さえしたものだ。オペラのアリアを歌うテノールかソプラノのような張りのある高い声、溢れる音量の魅力、一語一語の末までも沁み渡って行く、いかにもオリエンタルという名の連想にふさわしい深い哀愁の翳り。日常茶飯事を話題としてもどことなく荘重で、悲劇的な色調をともすれば帯びやすいアラビア語こそ、こういう聖典には正にうってつけの言葉なのである。［井筒訳 上 解説］

さてこの章では、全部で一一節のなかで、四つの韻が使われている。つまりaaabbccdddという具合にすばやく韻が交代する。三つ目の韻ではウードとイード、四つ目の韻ではウールとイールが押韻して

図3　モスクの片隅でコーランを朗誦する人々　朗誦のために使うコーランは大型のもので、書見台におかれる。イエメン、シバームの大モスクでの光景。

図4　護符としても使われるコーラン　この絵は、嫉妬心をもつ者の邪視にたいするお守りとして使われるもので、絵の周りの枠のところに、コーランの悪魔祓いの章（第113章と114章）が書かれている。

いる。

ちなみにこの章の最初の五行は誓言と呼ばれる初期のメッカ啓示に特徴的な形式をとっている。つまり、神がさまざまなものにかけて誓うのである。この誓言形式は、ムハンマドと同時代に存在したカーヒンと呼ばれる一種の巫蠱《ふこ》が、神がかりになって語るお告げにも使用されていた。サジュウ体自体がカーヒンのお告げの文体であったという。

コーランの内容

それでは、コーランのなかに書かれている教えとはどのような内容なのであろうか。この重要な問題に答えることはそれほど単純ではない。コーランの教えとは、イスラームの教えそのものであり、一〇〇〇年を超えるイスラーム思想の歴史はすべて原理的には、コーランの教えであったはずだからである。イスラーム思想家にとっては、コーランは真理であるので、自己の思想が真理であるならば、それは必ずコーランのなかにもあるはずであった。井筒俊彦が喝破したように、イスラームの思想史はコーラン解釈の歴史でもあった。このようなコーラン解釈の長い歴史を捨象して、単純にコーランだけをみて、その内容を紹介することもじつはなかなかむずかしい。

ひとつの章で、ひとつのテーマを扱っているということがほとんどなく(第一二章〈ユースフ章〉は章全体で、創世記にあらわれるヨセフの物語を語っているが例外的である)、ひとつの章のなかに、まったく異なったテーマがなんの脈絡もなくあらわれる。たとえば、第二四章では、はじめ姦淫罪にかんする法律的なことがらや女性の貞淑についての規定などが述べられる。しかし、第三五節から突然、「神は天地の光である」から始まる、有名な比喩が説き始められる。不思議なことに中世のムスリムは、このような構成の問題に頭をなやますことはほとんどなかった。彼らはコーランの節を前後関係を無視して、引用することが多い。彼らにとって、コーランの各節が、神の言葉、普遍の真理として独立の価値をもっているからである。第二四章第三五・三六節の比喩も多くの思想家によってさまざまに解釈されたが、二四章全体の構成のなかで、この比喩を考えようとした者はいなかった。

このように、内容をまとめにくいコーランだが、それでもコーランのなかで扱われているテーマを分類しようとした試みはある。たとえば、牧野信也はコーラン全体に流れるメイン・テーマとして、つぎの七つをあげている［牧野 1987］。

一、唯一なる神
二、万有を創造する神
三、終末を惹き起こす神
四、最後の審判
四、神への怖れ
五、神への感謝
七、日々おこなうべきこと

また、初期の啓示と後期の啓示では、テーマがかなり変わってきている。たとえば、初期の啓示には終末を惹き起こす神と最後の審判の比重が非常に高い。それにたいして、イスラーム共同体が確立した、メディナ期の啓示には、日々おこなうべきことが詳細に定められるようになる。「シャリーア」という言葉自体は、コーランでは、まだ後代のような「イスラーム法」という意味ではなく、「道」という普通名詞として用いられている。しかし、神が義務として信者に課すこと、禁止すること、許すことの法的規定は多くみられ、後代の法学者が法を導き出すときの法源となる。たとえば、結婚にかんしてはつぎのような規定がある。

あなた方の父が結婚したことのある女と、結婚してはならない。すぎさった昔のことを除いては。それは恥ずべき憎むべきこと。いまわしい道である。
あなた方の母、娘たち、姉妹、父方のおば、母方のおば、兄弟の娘たち、姉妹の娘たち、授乳した乳母、同乳の姉妹、妻の母、あなた方が関係している妻の生んだ養育中の養女は、あなた方に〔結婚が〕禁じられている。あなた方がその妻と、いまだ関係していないならばその連れ子を妻にしても罪はない。およびあなた方の生んだ息子の妻、また同時に二人の姉妹と結婚することも禁じられる。すぎさった昔のことを除いては。神は寛容にして慈悲深くあられる。（第四章第二二・二三節）

中期の啓示にとくに多くあらわれるのが過去の預言者たちの物語である。アダム、ノア、アブラハム、ヨセフ、モーセ、ヨナ、イエスが重要な預言者としてあらわれる。とくにアブラハムは、ユダヤ教でもキリスト教でもない原初的一神教を唱えた預言者として、ムハンマドの先駆者とされる。

彼らは言う。「ユダヤ教かキリスト教になれ。そうすればあなた方は、正しく導かれるであろう」。

図5　コーランの文字による装飾　モスクの正面入り口の壁面全体にコーランの第48章第1〜15節、第36章第2〜31節が書かれている。トルコ、コンヤ、インジェ・ミナーレ神学校、1265年頃に建造。

図6　モスクの吊り下げランプ　マムルークのスルタン、ナーシルッディーン・ムハンマドの名前とコーランの「光の節」(第24章第35節)が書かれている。14世紀頃、シリアのアレッポで作られた。ベルリンのイスラーム美術館蔵。

出典(図3, 5, 6)：Rudi Paret, *Der Koran*, Graz: Verag Für Sammler, 1979.

言ってやるがいい。「いや、私たちはアブラハムの純正の教えを信奉する。彼は、多神教徒の仲間ではなかった」(第二章第一三五節)

アブラハムこそは、メッカのカーバ神殿の建設者であり、カーバ神殿でおこなわれる巡礼行事の創始者である(第二章第一二五〜一二七節)。イスラームとは、神への服従・帰依を意味し、イスラーム教徒はムスリム(帰依者)と呼ばれるが、アブラハムと彼の一族はすべて帰依者(ムスリム)であった。

主が彼〔アブラハム〕に向かって、「服従・帰依しなさい」と言ったとき、彼は「私は、万有の主に服従・帰依します」と言った。アブラハムは、このことを彼の子孫に伝え、ヤコブもまたそうした。「私の子孫よ。神はあなた方のためにこの教えを選ばれた。だから必ずムスリムとなって死なねばならない」(第二章第一三一・一三二節)

前述したヨセフの章を除いては、これらの預言者物語は一貫して語られることはなく、断片が異なった章に分散してあらわれる。不完全な物語を補ってくれるのは、後世の注釈者の仕事である。またコーラン注釈とは別に、これらの預言者物語は独立したジャンルとして発展し、預言者は時代順に配列され、一人一人の物語がコーランにでてきた断片を核として、ユダヤ教の要素を取り入れながら綴られるようになる。

後世におけるコーランの影響

イスラーム文化はコーランを核として発展していった。近代的学校教育が導入されるまで、イスラーム世界のどこでも教育はまずコーランの暗誦から始まった。コーランをよりよく理解するために、アラビア語文法学が発達し、コーランの曖昧《あいまい》な章句を説明するためにイスラーム神学が発達した。またコーランを解釈するためには、個人的な見解ではなく、ムハンマドや教友たちの伝承に従うべきであるとして、ハディース学が発達した。コーランの各節がいつ、どのような状況で啓示されたのかを明らかにするために預言者の伝記にかんする学問が生まれた。

またキリスト教の典礼音楽の位置を占めるものとして、イスラームではコーランの朗誦が発達した。ムスリム自身はコーラン朗誦を音楽とはみなさないけれども、有名な朗誦者は、カセットもだすし、リサイタルも開かれる。またイスラームでは、生物の図像表現の禁止のためにキリスト教のような宗教絵画を発達させなかったが、それにかわるものとしてカリグラフィーを発達させた。支配者は、最高のカリグラファー、装丁家を使ってコーランの写本をつくらせた。また、モスクやミナレットの壁にもコーランの一部が彫られる。コーランの章句が護符として使われることも多い。

中世に比べて現在では、コーランの暗誦者も減ってはいるだろうが、それでもイスラーム世界の大部分では、コーランは初等教育の段階で教えられている。そのような教育がない国では、それを補うために、特別にコーラン学校が設けられているところが多い。現在でもムスリムは日常生活でコーランをよく引用する。そして引用の際には、必ずこう前置きする。「いと高き神はこのように申された」。

参考文献

井筒俊彦訳『コーラン』上・中・下（岩波文庫）岩波書店　一九五七年
藤本勝次・伴康哉・池田修訳『コーラン』Ⅰ・Ⅱ（中公クラシックス）中央公論新社　二〇〇二年
日本ムスリム協会『日亜対訳注解聖クルアーン』日本ムスリム協会　一九八三年
井筒俊彦『コーランを読む』（岩波セミナーブックス1）岩波書店　一九八三年
井筒俊彦、牧野信也訳『意味の構造──コーランにおける宗教道徳概念の分析』新泉社　一九七二年
牧野信也『イスラームの原点──〈コーラン〉と〈ハディース〉』中央公論社　一九九六年
牧野信也『イスラームとコーラン』（講談社学術文庫）講談社　一九八七年
牧野信也『コーランの世界観──イスラーム研究序説』（講談社学術文庫）講談社　一九九一年

第三章　竹下政孝

スンナとハディース

預言者の言行

スンナ

イスラームの信仰がコーランを神の言葉とみなすことから成り立っていることは前章でみた。しかし、言葉というものはそれを理解するときにはどうしても解釈がはいってしまう。たとえ神の言葉が絶対の真理であっても、人間の解釈には誤謬《ごびゅう》の可能性がつきまとう。神の最後の啓示をもとにした最終宗教であるイスラームが、解釈段階で誤りの道に進んでいくことは許されない。それゆえ神は共同体の指導者ムハンマドを正しく導いて、共同体が誤りに陥るのを防いだ。現在理解されている意味でのスンナとは、信者が範例として従うべきムハンマドの慣行であり、ムスリムにとっては、コーランを補うものとして、コーランにつぐ権威をもつ。ムハンマドこそはコーランの最良の解釈者であり、コーランの教えの完璧な実践者であった。預言者に従うことは神に従うことである。スンナの権威はとくにイスラーム法（シャリーア）と密接に結びついている。神がムハンマドを通じて人類に課したシャリーアは、国の法律のように書かれたものではない。それはコーランとスンナから導き出されねばならない。そして、後世の人にとって、スンナを知る唯一の方法がハディース（伝承）だったのである。

コーランとスンナの関係はさまざまに喩えられる。コーランが憲法ならば、スンナは施行細則、コーランがエキスならば、スンナはそれを薄めて飲みやすくしたもの、コーランが基礎、基幹で、スンナは枝葉。一応、コーランが主で、スンナが従だが、コーランとスンナが対立することは原理的にありえない。現代のあるムスリムはつぎのようにいっている。

ムハンマドは、イスラームの教えを口頭で解説しただけではなく、その真の意図を実践的に行動で示したのであった。……彼の現世での生きざまは、クルアーンの精神をそのまま体現したものであり、したがってイスラームの教えの生きた実例、「動くクルアーン」ともいわれている。〔エル・セバイ 2001:260〕

コーランは、スンナによってしか正しく解釈できないのだから、その意味ではスンナはコーランの上にくるともいえる。

預言者の無謬性

実際には、ムハンマドは彼の共同体でどのような権威をもっていたのだろうか。たしかにムハンマドは共同体の指導者であったけれども、彼はけっして王のような絶対的権力をふるっていたわけではない。

ムハンマドにたいする崇敬の念は、彼の死後、後代になればなるほど強くなっていったように思われる。ムハンマドの在世中は、神の具体的命令が日常的にくだっているのだから、ムスリムはそれに従っていればよかったのである。コーランとスンナの分化はまだ自覚的には生じていなかったといえよう。ただし、後世のハディース文献を見ると、さまざまな信者が、日常生活の細かなこと、たとえば、大便、小便のときの作法にいたるまで、ムハンマドに質問していたことがわかる。後世、ムハンマドのスンナの権威を証明するためによく引用されるのは、以下のコーランの章句である。

あなたがた信仰する者よ、神とその使徒に従え。（第八章二〇節）

神と終末の日とを望み、つねに神の御名を唱える者のためには、神の使徒は最良の模範であった。（第三三章第二一節）

もちろんハディース自体のなかでは、スンナはしばしばコーランと並置されている。たとえばイエメンの支配者に任じられたムアーズ・イブン・ジャバルが、「コーランと預言者のスンナを基に政治をおこなう」と述べて預言者の満足をえたというし、「私は二つのものをあなた方に残した。あなた方がそれら二つにしがみつくかぎり、あなた方は道を逸脱しないであろう。ひとつは神の啓典であり、もうひとつは神の預言者のスンナである」という有名なハディースもある。

後世、スンナの権威をさらに保証するためにあらわれたのが、預言者の無謬《むびゅう》性の理論である。神の言葉の伝達者として選ばれた預言者が、日常生活において、誤りをおかしていたとしたら、人はどうして彼の「自分は神の預言者である」という言葉を信用できようか。彼が神の預言者であるということを人々に証明させるために預言者に奇跡を起こす力を与えた神は、当然、日常生活においても、預言者をつねに正しく導いたはずであるという論理である。この無謬性の考えは、歴史的にはシーア派のイマーム論が起源にあるように思われる。シーア派は、ムハンマドの死後も、イスラーム共同体には神に導かれた無謬の指導者(イマーム)が必ず存在しなければならないと考えた。シーア派のイマームの無謬性の理論はムハンマドの無謬性を当然のこととして含んでいた。

スンナ派は、イマームの無謬性は受け入れなかったけれども、ムハンマドの無謬性の理論は取り入れたのであろう。しかし、スンナ派は、ムハンマドの無謬性を絶対的なものと考えていたわけではない。ハディースのなかには、ムハンマドが世俗的なことがらにかんしては、明らかに誤った判断をしたこともあったことを伝えている。それゆえ後世の思想家たちの多くは、ムハンマドの無謬性を宗教の分野に限っている。もっともタバリーは、ムハンマドが宗教のことがら、しかも神の啓示というもっとも重要なことがらでも誤りをおかしたことを伝えている。それは、「アッラート、ウッザ、マナートという三女神の仲介が望まれる」という啓示である。ムハンマドは最初、これを神の啓示と誤ったが、のちに悪魔の啓示であったとして撤回する。サルマーン・ロシュディーの小説『悪魔の詩』(正確には『悪魔の節』)の題名の由来にもなったこの逸話は、後世の思想家によってその事実性が否定されている。神によって正しく導かれている預言者が、神の啓示という重要なことがらであやまちをおかすことはありえないからである。

ハディース編纂の歴史

ハディースは少なくとも最初の一〇〇年間は書かれることはなく、口頭で伝えられたと一般的に考えられている。預言者がハディースを書くことを禁じたというつぎのようなハディースもある。「私が語ったことは、コーラン以外には書きとめるな。コーラン以外に私の語ったことを書きとめた者はそれを消去せよ」。おそらく、預言者は神の言葉であるコーランと自分の言葉が混同されることを恐れたのであろう。もっとも、書きとめることを勧めるハディースもあるので、真相はわからない。一般的には、ウマイヤ朝第八代カリフ、ウマル・アブド・アルアジーズの要請により、ズフリーがハディースを集成し、記録したのが最初であるとされる。ウマイヤ朝ですでにハディースの集成書があらわれたことには疑問をもつ研究者もいる。ハディースが最初期から口承だけではなく、書承もされてきたことを主張している現代の研究者M・M・アザミーは、ウマイヤ朝期のハディース書をいくつか発見し活字にしている[Azami 1992]。これらは、書物というよりハディース学者の覚書のような小冊子で、のちの古典的ハディース集成書のようなテーマ別の構成ではなく、ただハディースが羅列されている。

本格的なハディース集成書があらわれるのはアッバース朝にはいってからで、マーリク・イブン・アナスの『ムワッター（先人たちの道）』はもっとも初期のものに属する。この書ではハディースはテーマ別に分類されている。この形式はムサンナフ形式と呼ばれ、のちのハディース六書にも踏襲されている。ただし、この書は、法学者のハンドブックといった内容で、法学的なテーマしか取り上げられていないし、ムハンマドにさかのぼらないハディースも多い。またアッバース朝初期には、ズハイル・イブン・

ハルブの『知識の書』のようにひとつのテーマにしぼったハディース書も出現している。年代的にはのちにイブン・ハンバルの『ムスナド』が続く。この大著は、ムサンナフ形式ではなくて、ハディースの伝承者ごとに分類されている。このような形式をムスナド形式というが、ムサンナフ形式とは異なって、実用には不便であり、あまり普及しなかった。このハディース書は収録されたハディースの数では群を抜いているが、疑わしいハディースも多く含まれている。

ハディースの古典

九世紀後半から包括的なテーマを取り上げたムサンナフ形式のハディース集成書があいついであらわれる。最初にあらわれたのがブハーリーの編纂した『ジャーミウ・アルサヒーフ（真正なるハディースの集成）』（普通ブハーリーのサヒーフとして知られる）である。ブハーリーは、八一〇年中央アジアのブハラに生まれた。十歳になる前からハディースの勉強を始め、長じるにおよんで、イスラーム世界（イラク・イラン・ヒジャーズ・エジプト・シリア）を広く旅し、一〇〇〇人以上のハディース暗誦者から、六〇万のハディースを収集し、そのうち二〇万を記憶していたという。

当時、知識を求めて広く旅をすることは、ハディースを学ぶ者のために不可欠のことだった。イスラーム世界の拡大とともに、ハディースの暗誦者は、イスラーム各地に分散していき、その土地土地で、異なったハディースを伝承していたからである。ハディースを学ぶ者は、各地のハディース学者をおとずれ、その学者の暗誦しているすべてのハディースを暗誦し、それらをほかの者に教えてよいという免

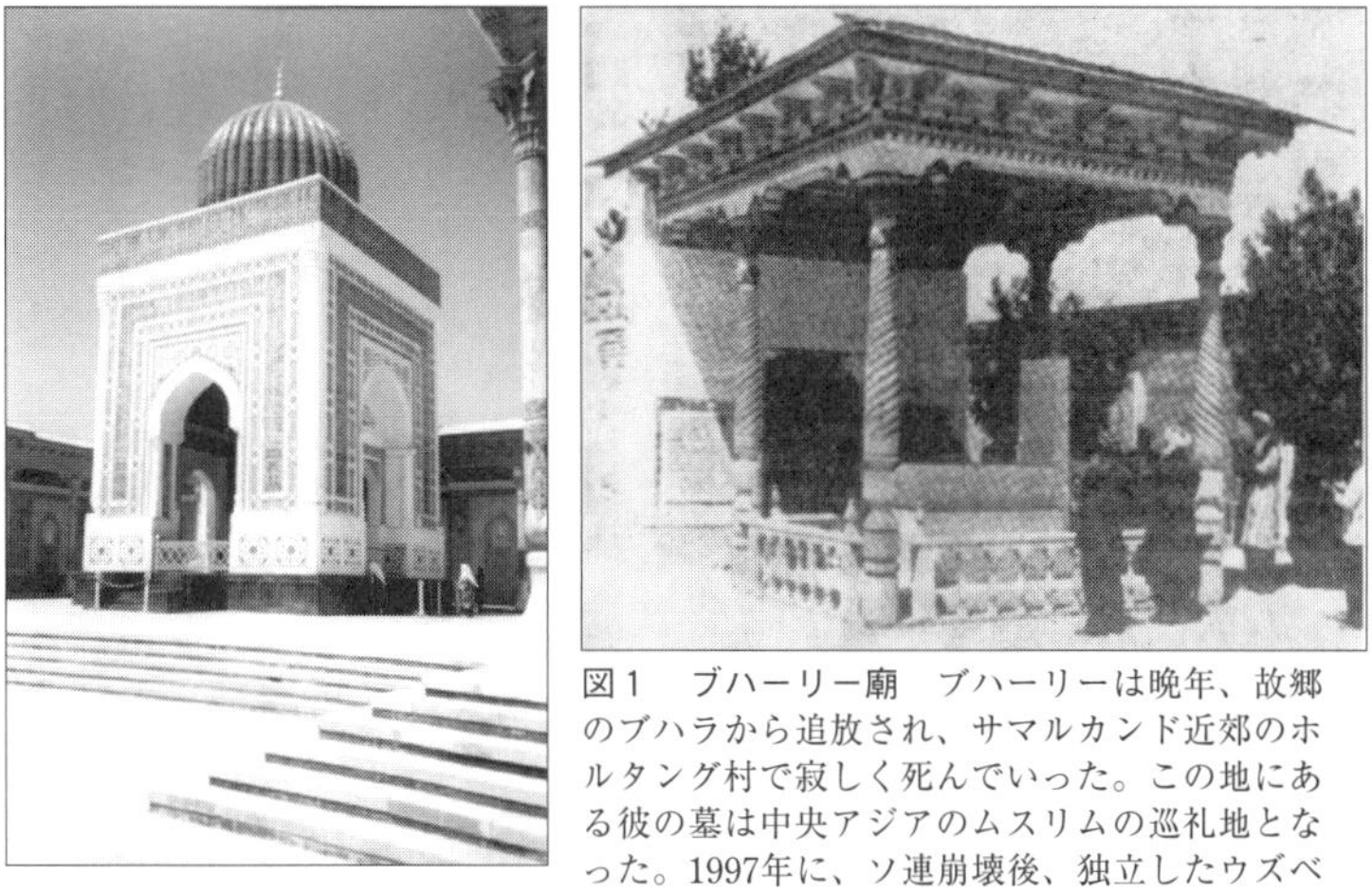

図1　ブハーリー廟　ブハーリーは晩年、故郷のブハラから追放され、サマルカンド近郊のホルタング村で寂しく死んでいった。この地にある彼の墓は中央アジアのムスリムの巡礼地となった。1997年に、ソ連崩壊後、独立したウズベキスタン共和国は、ブハーリーの生誕1225年を記念して、大きな廟を再建した。左は再建された廟。右はソ連時代の廟。

図2　ハディースの書かれたポスター　イスラームでは、キリスト教世界のように宗教画は発達しなかったが、カリグラフィーが宗教芸術として発展した。普通は、神名やコーランの一節が書かれるが、ここには「神のためにモスクを建てた人のために、神は天国に家をお建てになる」というハディースが書かれている。

許状をもらう。もちろんブハーリーのころには、『ムワッター』やイブン・ハンバルの『ムスナド』のような集成書がすでに存在していたわけだから、それらも利用されたであろう。

それにしてもブハーリーの集めた六〇万というハディースの数は誇張されているのかもしれない。ただし、ハディース学者は、同じ内容のハディースでも、伝承者の経路(イスナード)が少しでも異なれば、異なったハディースとして数えるので実際より数は多くなる。ブハーリーは収集した膨大なハディース中から厳しい真贋の基準で、真正(サヒーフ)なものだけを約二六〇〇選び出し、テーマ別に九八の書、三四五〇の章に区分した。同じハディースが異なった書に重複して何度もでてくるのも、彼のハディース書の特徴である。ブハーリーの『サヒーフ』は、現在でもスンナ派世界でもっとも権威のあるものとして認められている。

ブハーリーとほぼ同時代に、ブハーリーの集成書と同名のハディース集成書『サヒーフ』を編纂したのがムスリム(八七五年没)である。彼は先行するブハーリーの書から影響を受けている。彼の『サヒーフ』には、三〇三三のハディースが収録されているが、ブハーリーと共通のハディースも多い。ムスリムの『サヒーフ』にはブハーリーのような重複もなく、また分類も優れているので、初学者にはムスリムのほうが使いやすい。ムスリムの『サヒーフ』は後世にはブハーリーにつぐ権威をもっている。

ブハーリーとムスリムのあとにもつぎつぎとあらたなハディース集成書が編纂されたが、どれもこの二書を凌《しの》ぐ権威をもつものとはならなかった。しかし、以下の四書は、しばしばブハーリー、ムスリムとともにハディース六書と呼ばれて特別視されている。

アブー・ダーウード（八八八年没）の『スナン』（「スンナ」の複数形）
ティルミズィー（八九二年没）の『ジャーミウ』（包括的な書）
イブン・マージャ（八九六年没）の『スナン』
ナサーイー（九一五年没）の『スナン』

これらのうち三書が「スナン」というタイトルをもっているが、ハディース書でスナンというのは、分類が「清浄」「礼拝」「喜捨」などのように法学書の構成に従っていることを意味する。それゆえ、ブハーリーやムスリムによるもののように、道徳的なことがらや、過去の預言者や同時代の教友たちにかんする歴史的伝記的なことがら、またコーラン注釈にかんすることがらを含んでいない。この六書が成立したあとも、スユーティーやバイハキーなど多くの学者がハディース集成書を編纂している。ブハーリーやムスリム以降のハディース集成は、真正なハディースのほかに疑わしいハディースを疑わしいと評価したうえで収録している。

ハディース批判学

ひとつのハディースはイスナード（支え）と呼ばれる伝承者の鎖とマトン（本文）の二つの部分から構成される。実際にブハーリーのハディースから実例をあげよう。

ウバイドゥッラー・イブン・ムーサは、われわれに〔つぎのように〕語った。彼は言った。ハンザラ・イブン・アビー・スフヤーンは、イクリマ・イブン・ハーリドから、〔イクリマは〕イブン・ウマル——神が彼ら二人〔イブン・ウマルと彼の父親のウマル〕を嘉《よみ》したまいますように——から〔伝えられて〕、われわれにつぎのように伝えた。彼〔ハンザラ〕は言った。神の使徒——神が彼に祝福と平安を賜りますように——はつぎのように言った。イスラームは五つ〔の柱〕の上に建てられた。〔それらは〕「アッラーのほかに神はなく、ムハンマドは神の使徒である」と証言すること、礼拝をおこなうこと、喜捨を与えること、巡礼、そしてラマダーン月の断食である。

このハディースでは、「イスラームは五つ〔の柱〕の上に建てられた」以下の部分が、ムハンマドの言葉の内容（マトン）であり、その前におかれた部分が伝承の経路（イスナード）である。このハディースはブハーリーにいたるまでに、イブン・ウマル、イクリマ、ハンザラ、ウバイドゥッラーの四人の伝承者をもつ。最後のウバイドゥッラーは、ブハーリーが学んだ多くのハディース暗誦者の一人である。最初の伝承者であるイブン・ウマルは、第二代カリフ、ウマルの息子で、多くのハディースを伝えたことで知られている。

ハディース学者が、ハディースが真正なものであるかどうかを判定するためにもっとも注意をはらったのは、イスナードであった。ハディース学者たちは、全伝承者にたいして、伝記的事項を調べ上げ、各人について、信頼できる伝承者であるかどうかの評価をおこなった。伝承者のなかに一人でも信頼のおけない者がいれば、そのハディースは真正なものとはみなされない。さらには各伝承者の生没年が重なるかどうかが検証される。伝承者の鎖が、どこかでとぎれていれば、そのハディースは真正なものとはみなされない。さらには、彼らがどこに住んでいたかが調べられる。伝承者同士が同じ地域に住んでいれば問題ないが、遠く離れていた場合は、二人が確かに会ったという証拠があることが望ましい。上記のハディースの場合は、全員が信頼できる伝承者であり、鎖は途切れておらず、またクーファに住んでいたウバイドゥッラーを除く三人はすべてメッカの人である。

ハディース学では、このようなイスナードの分析によって、ハディースをさまざまに分類する。これらの分類のうちでもっとも重要なものは、サヒーフ(真正なもの)、ハサン(良好なもの)、ダイーフ(信憑《しんぴょう》性の弱いもの)の三分類である。もっとも、ブハーリーとムスリム以外のハディース集成書には、ダイーフのハディースも多く収録されている。ダイーフというのは、真正性が証明されなかっただけであって、その捏造《ねつぞう》性が証明されたわけではなく、イスナードに不備があっても、マトンは正しい可能性はあるからである。

ハディースの偽造

ブハーリーやムスリムの集成書に収録されなかったハディースがすべて偽造されたハディースというわけではないが、ブハーリーの時代にすでに多くの偽造されたハディースが流通していたこともまた事実である。「私の名で嘘を語るな。まことに私の名で嘘を語るものは、地獄へ堕ちるであろう」というハディースの偽造を警告するハディースもあるくらいである。

ハディースが偽造されるようになった理由はいろいろあろう。ムハンマドの死後に起こった神学論争や政治論争のなかで、自派を権威づけるためにハディースを偽造することも多かったであろう。また広く流通していた格言や名言が、時がたつにつれてムハンマドの言葉に帰せられていったこともあろう。また、説教師が、自分の説教を権威づけるためにハディースを偽造したこともある。

だが、このような捏造されたハディース(マウドゥーウと呼ばれる)は、ハディース六書には収録されなかったとされている。ハディース学者たちの厳しい批判の目が、これらの捏造されたハディースを排除したとされるからである。しかしハディースを編纂した者はあくまでも人間であり、誤ることもある。それゆえ、ハディース六書のなかにあるハディースといえども疑いを挟むことができる。これが、ハディースとコーランの違いである。コーランのテキストは、たとえ一語であろうとムスリムにとって疑うことは許されないからである。

ハディースの使われ方

このようにハディース学者は精緻で、ときには煩瑣《はんさ》すぎるイスナード批判学を発展させていったが、他方で、イスラーム神学者、スーフィー(イスラームの神秘主義者)、文学者などは、皮肉なことにハディース学の成果にあまり頓着しなかったようである。彼らの著作のなかには、ハディース六書には収録されていないハディースがしばしばイスナード抜きで躊躇《ちゅうちょ》することなしに引用される。また膨大な数のハディースから特定のものが何度も、異なった著作のなかで引用されるのも特徴的である。ちょうどわれわれが諺《ことわざ》、格言、名句をなにげなく引用するように、彼らはハディースを引用する。なにかのテーマを論ずるときに、まずそのテーマにかんする、コーランとハディースの引用で始めるのは常套手段である。なかには、全編が、コーランとハディースの引用というものもある。そのような人々は、たとえハディースが偽造された可能性があっても、自らの個人的意見よりはましと考えたのであろう。

たとえば、アラブ文学の一ジャンルに貞節な愛のために死んでいった人々の物語がある。このジャンルの書物(あるいは、このジャンルに影響を受けたスーフィズムの愛の理論書)に必ずといっていいほど引用されるのが、「誰かを愛して、その愛を隠して貞操を守り、そして辛抱して死んでいった人はすべて、殉教者としての死をとげたのである」というハディースであるが、これはハディース六書には収録されていない。またスーフィーが好んで引用するハディースに、「聖なるハディース」という一群のハディースがある。これは、ムハンマドが神の言葉として語っているハディースである。神の言葉は、コーランであって、ハディースではないはずだが、イスラームの教義では、コーランの本文は、天の書として、永遠に固定されていたわけであり、コーラン以外の内容を神がムハンマドに語る場合もありえるわけである。

さらに、コーランは一言一句神の言葉なのにたいして、聖なるハディースの場合は、意味がムハンマドにくだったのであって、言語表現はムハンマドのものであるとされる。現代の学者のなかには、すべての聖なるハディースは後世の捏造であるとみなす者もいるが、ブハーリーの集成書のなかにも聖なるハディースは存在する。しかし、多くのスーフィーが好んで引用する「私(神)は隠れた宝であった。私は知られることを欲した。それゆえ私は知られるために世界を創造した」というハディースや「私(神)の天も私の地も私を包含しなかった。しかし信仰厚き私の僕《しもべ》の心は私を包含した」というハディースは、ハディース六書のどれにもみられない。

ハディースの歴史性にかんする論争

第二章で述べたように、コーランが神の言葉であるかどうかは信仰の問題であって、現在では、この問題をめぐって、西欧の学者とイスラーム世界の学者が論争することはほとんどない。しかし、西欧の研究者たちによるハディースの歴史性にかんする批判的研究はイスラーム世界の学者にも大きな衝撃を与え、論争を引き起こした。伝統的なイスラームのハディース学においては、捏造されたハディースが存在することをみとめるものの、預言者にまでさかのぼることのできる真正なハディースの存在を否定する者はいなかった。しかし、十九世紀後半から西欧の多くのイスラーム学の泰斗が、従来真正とされてきた多くのハディースが預言者にまでさかのぼらないという研究を発表した。とくにゴールドツィーハーとシャハトの研究が重要である。シャハトは初期の法学派の形成を研究し、スンナの意味が時代によって変遷したことを明らかにした。彼は、はじめからスンナがムハンマドの慣行に限定されてきたことに疑いをはさんだ。最初のハディース集成書のひとつであるマーリク・イブン・アナスの『ムワッター』には、ムハンマドにまでさかのぼらないハディースが多い。初期の法学派である、ハナフィー派と、マーリク派は、それぞれクーファとメディナの共同体の慣行を重要視した。

預言者にさかのぼることのできるハディースだけを認め、地方ごとに異なった慣行ではなく、預言者の慣行のみを規範とすることを主張したのは、シャーフィイー派法学の祖シャーフィイーである。シャーフィイーに続いて、彼の弟子であったハンバル派法学の祖アフマド・イブン・ハンバルは、シャリーアの法源をコーランとスンナだけに限定し、推量や個人的見解を退けた。すべての法的判断の根拠として、コーランとスンナが求められるのならば、どうしても膨大なハディースの量が必要となる。イブン・ハンバルによるハディース集成書『ムスナド』はこの必要を満たすために編まれたのである。つまり、シャハトによれば、すでに初期の法学者のあいだで慣行として地方ごとに使われていた法的慣例や法諺《ほうげん》が、シャーフィイー以降にあらたに要請されるようになった正当性の基準を満たすために、預言者の言行に帰せられるようになったのである。

ハディースにイスナードをつける習慣も西欧の学者によれば、早くともウマイヤ朝の後期からだという。アッバース朝の初期に書かれたイブン・イスハークの預言者伝では、完全なイスナードを備えていないハディースが多い。彼の時代には、ハディース批判学がまだ発達していなかったからであろう。つまり、皮肉なことに、イスナードの欠如している、あるいはのちの基準からみて不完全なイスナードをもつハディースのほうが起源が古く、完全なイスナードをもつものは、ハディース批判学が発達してからイスナードが偽造された可能性が高いのである。法学的な判断の根拠として使われるハディースは、必ず完全なイスナードをもたねばならないとされてきたが、シャハトによるとこのような法的ハディースこそ、預言者にさかのぼる可能性がもっとも少ないものである。これら西欧の学者にたいする現代のイスラームの知識人の反応はさまざまである。これらの研究を西欧のあらたなイスラームへの攻撃とみなす人々も多い。預言者のスンナ、そしてそれを伝えるブハーリーを批判することは、コーランにつぐイスラーム第二の聖典を批判することだからである。

これらの研究を学問的に批判して、今まで無条件で受け入れられたイスナードの歴史性を文献的に証明しようとする研究者もあらわれた。たとえば前述のアザミーはその一人である。だが、なかには積極的にシャハトの研究を取り入れて、イスラームを硬直させている法学の呪縛から解き放とうと試みる学者もでてきた。筆者の恩師であるパキスタン出身の学者ファズルル・ラフマンもその一人である。歴史的文脈から切り離されたコーランの章句からではなく、コーランを当時の歴史的社会的状況のなかで解釈することによって、あらたなイスラーム法の構築を模索したラフマンは、スンナが共同体のスンナから預言者のスンナへと移行していったことを認め、シャハトと同じように法学的根拠として使われるハディースはすべて疑わしいと考えた。しかし、彼は預言者にまでさかのぼるハディースがひとつもないと考えたわけではない。彼によれば、共同体のスンナの核には預言者のスンナがあった。法学的ハディースは疑ったけれども、儀礼を伝えるハディースや伝記的ハディースは預言者にさかのぼるものがあることを疑わなかった。コーランの啓示の歴史的状況からコーランの意図を再解釈していこうとする彼の立場からみれば、それは当然のことであろう。ハディースをとおしてしか啓示の歴史的状況はわからないからである。

ハディースが実際にムハンマドの言葉であるかどうかの問題は、コーランが神の言葉であるかどうかの問題と同じように最終的には信仰の問題のように筆者には思われる。たとえば、前述したイスラームの五柱のハディースを例にとってみよう。西欧の学者ウェンシンクは、これを後世の偽造であると考えた。彼によれば、「アッラーフのほかに神はなく、ムハンマドは神の使徒である」という文句は、コーランにはなく、ムハンマドの死後、イスラームの信仰告白として確立されたものだからである。しかし、この文句は礼拝のなかで唱えられる。それゆえ、彼は現在のかたちの礼拝の作法もムハンマドの時代にはなかったと考える。それにたいして、アザミーは、コーランは、何度も礼拝について言及しているので、ムハンマドの時代に礼拝は存在していたと反論する。たしかにそうであるが、ムハンマドの時代にどのような作法で礼拝がおこなわれていたかを知る術は、ハディースによるしかないのである。

以上に述べたように、ハディースが実際にムハンマドの言葉かどうかはわれわれにはわからない。しかし、イスラーム世界で、膨大な文献が書かれるようになるのは、八世紀後半からであり、それ以前の確実な文献といえば、コーランしか存在しない。ムハンマドの時代からアッバース朝が成立するまでの一〇〇年以上の空白期間のイスラーム共同体の営みを知るためには、ハディースしかないのである。幸いにブハーリーとムスリムのハディース集成は、日本語で読むことができる。コーランの内容が普遍的であり、時代状況や風土をあまり感じさせないのにたいして、ハディースは非常に具体的であり、食べ物、衣服、冠婚葬祭の方法など、人々の生活のありさまが手にとるようによくわかる。たとえそのすべてがムハンマドの時代にまでさかのぼらないとしても、ハディース文献は、ムハンマドの死後、空白の一〇〇年間のイスラーム共同体における集合的記憶の記録としてくめどもつきぬおもしろさをもっている。

参考文献

A・B・エル・セバイ、黒田寿郎・亀井淳訳『イスラームと日本人――激動する世界の中で』潮文社　二〇〇一年
Azami, M. M., *Studies in Early Hadith Literature*, Indianapolis, 1992.
＊以下の二書はブハーリーとムスリムの両サヒーフの日本語訳。ただし、両者とも、イスナードの部分は第一伝承者を除いて省略されている。
牧野信也訳『ハディース――イスラーム伝承集成』全六巻（中公文庫）中央公論社　二〇〇一年
磯崎定基・飯森嘉助・小笠原良治訳『日訳サヒーフ・ムスリム（預言者正伝集）』全三巻　日本サウディアラビア協会　一九八七年
＊コーランとハディースは、ほとんどのイスラーム入門書のなかで扱われている。代表的な入門書としてつぎのようなものがある。
ハミルトン・A・R・ギブ、加賀谷寛訳『イスラム入門』（講談社学術文庫）講談社　二〇〇二年
小杉泰『イスラームとは何か』（講談社現代新書）講談社　一九九四年
中村廣治郎『イスラム教入門』（岩波新書）岩波書店　一九九八年

ウンマ

信徒の共同体

人類の系譜――過去のウンマ

コーラン第二章第三〇節によれば、神は、「私は地上に代理人をおこうと思う」といい、同第三四節では、天使たちに、「アダムに跪拝《きはい》せよ」と命じている。このように、人間という種族は、地上における神の代理人となるべく創造された。一説によれば、神は人間を創造する前にジン(精霊・霊鬼)を火から創造し、地上における神の代理人としようとした。しかしジンが地上で不善をなし混乱を招いたことから、天使の軍団を派遣してこれを平定し、世界の辺境に繋ぎとめたという。しかし人間もまた繰り返し神の教えに背いたために、神は幾度となく預言者を地上に派遣し(一説にはその数一二万四〇〇〇人という)、神に服従するように警告させた。各預言者の警告に従い、神への服従を誓った人々の集団がウンマである。

過去に多数のウンマが地上に出現し、そのあるものは神への反抗ゆえに神によって滅亡させられた。神学・法学・歴史学・地理学など多様な分野で活躍したアッバース朝時代の大学者マスウーディー(八九六頃〜九五六)は、現存する主著『黄金の牧場と宝石の鉱山』のなかで、アダムに始まる人類の系譜を紹介している。ほかの資料から若干の補足をしつつそれを系図にまとめたのが図1である(なおいうまでもなく、これは網羅的な系譜ではない。たとえばマスウーディーは、アダム臨終の際には、子と孫をあわせて四万人いたという伝承を紹介している)。

この系図をみると、旧約聖書と重なる部分も多いが、独自の情報も含まれている。たとえば、アードやサムードなどは、アラブの伝承において、「絶滅したアラブ」と呼ばれる民族の祖とされていた。ブルガール(ヴォルガ川流域のブルガリア族)やルース(ロシア)などは、交易を通じてムスリムが知見をえるようになった民族を人類の系譜のなかに押し込もうとして、メトセラの子とされたのであろう。

この系譜にあらわれる伝説上の人物については、マスウーディーやタバリー(八三九〜九二三。歴史家、法学者、コーラン注釈家)などがおもしろい伝承を多数伝えているが、ここではそれらを逐一紹介することはできない。ここでは、神に背いたウンマのたどる運命を描いた三つの伝承を紹介するにとどめよう。

読者はノアの大洪水についてはよくご存知であろう。コーラン第一一章第二五〜四八節にもその記述があらわれる。ノアの時代、大部分の人間は神への信仰をすてたため、神はノアに従ったごく少数の信徒を除いて、人間を洪水によって滅亡させた。ノアとその追随者だけが箱舟に乗って難を逃れることができた。ノアの息子のなかで、セム、ハム、ヤペテは旧約聖書にもあらわれる。セムがのちのセム系諸

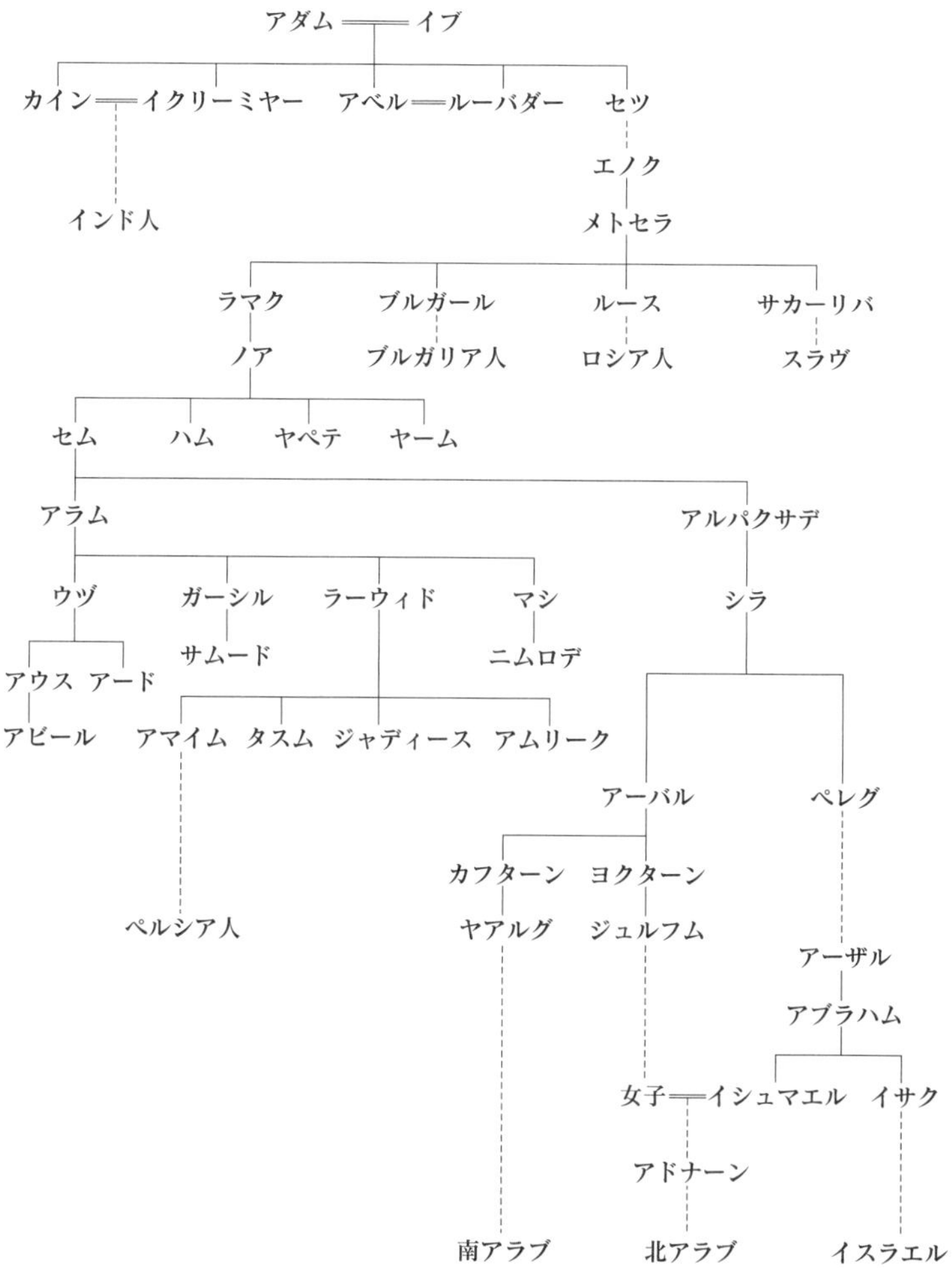

図1　人類の系譜　主としてマスウーディー『黄金の牧場と宝石の鉱山』に依拠しつつ、イスラームにおける人類の系譜を示した。旧約聖書にあらわれる人名はヘブライ語名で示した。なお、アブラハムの父は、旧約聖書では「テラ」であるが、コーランでは「アーザル」(第６章第74節)とされている。

民族、ヤペテがのちのヨーロッパ系諸民族（ただしヤペテの末裔についての伝承には曖昧な点が多い）、ハムがアフリカ諸民族の祖となったとされている点はキリスト教の教えと共通している。ただし第四二〜四三節によれば、ノアの息子の一人はノアが箱舟に乗るようにうながしたにもかかわらずそれを無視して溺死したことになっている。図1にみるように、イスラームの伝承ではこの子はノアの第四子で名をヤームといった。

また、第七章第六五〜七二節をはじめとして、コーランには神に背いて滅亡させられたアード族の記述が何箇所かにあらわれる。タバリーの注釈にも比較的詳しい記述がみられる。それによれば、ノアの大洪水で人類のほとんどが滅亡したあと、神は、アラビア半島の南部沿岸に住んでいたアード族の体軀《たいく》をノア以前の人類にもまして大きくし、これを地上の支配者とした。しかしアード族はしだいに唯一神の教えを忘れ、偶像を崇拝し、近隣の民族にたいして圧制を加えるようになっていた。そこで神は、預言者フードを遣わした。フードはアード族にたいして、唯一神にたいする信仰に戻るように説いたが、アード族が警告を無視したため、神は三年間雨をふらせなかった。当時、一神教徒も多神教徒も、災害が起こった場合にはメッカの神殿に詣でる習慣があった。そこでメッカで雨乞いの儀式をとりおこなうために、アード族は七〇人を派遣することにしたが、そのなかにはフードや彼にひそかに共鳴する者も含まれていた。アード族代表団はなかなか雨乞いの儀式を始めなかったが、フードがその儀式をおこなったところ、神は白、赤、黒の三つの雲を出現させた。フードがアード族にたいして、いずれかの雲を選ぶように求めたところ、アード族は黒い雲を選んだ。しかしこの雲がもっとも多くの水を含んでいたため、大雨が降り、アード族は滅亡した。

コーラン第七章第七三～七九節に言及されているサムード族は、アード族の滅亡ののち、その後継者として、シリアからヒジャーズ（アラビア半島西北部）にかけて繁栄していたが、神に背き、預言者サーリフの警告を無視して、やはり滅亡させられたと記されている。

イスラームのウンマの誕生

ここまで述べてきたように、過去の人類の歴史において、幾多の預言者が遣わされた。一部の人々は、その教えを守ることを誓って神とのあいだに契約を結んだが、その末裔《まつえい》はいつしかその契約を破り、滅亡することもあった。そして最後に地上に遣わされた預言者がムハンマドであり、その教えに従う人々の共同体がイスラームのウンマである。コーラン第二章第一四三節には、「こうしてわれら（神）は、おまえたちがすべての人々の証人となり、使徒がおまえたちの証人となるように、おまえたちを中位のウンマとした」と説かれている。「中位」の語義についてはさまざまな解釈があるが、第三章第一一〇節の「おまえたちは人類のために出現した最上のウンマである。おまえたちは正しいことを勧め、悪を禁じ、神を信ずる」という文言には誤解の余地はないであろう。

さて、右にその一部を引用したコーラン第二章第一四三節は、ムハンマドがキブラ（礼拝の際に信徒が向く方角）をイェルサレムからメッカにかえた際にくだされた啓示の一部である。ムハンマドは六二二年にヒジュラ（聖遷）をおこない信徒とともにメディナに移住した。そこでムハンマドは、唯一神にたいする真正な教えを復興したとの自負のもと、ユダヤ教徒が自分に従うことを期待したが、ユダヤ教徒はこれを肯《がえ》んじなかった。そのため、六二四年二月、ムハンマドは、ユダヤ教徒と袂《たもと》を分かって、新しいウンマの創設に着手した。そしてのちにはムハンマドは、メディナのユダヤ教徒を追放したり処刑したりした。さらに、ムハンマドおよびその後継者による征服活動の過程で、イスラーム のウンマとそれに服属するほかのウンマから構成されるイスラーム国家が誕生した。イスラーム国家の政治組織については本書中で別途説明されるので、ここではダール(原義は「家」)とズィンマに言及するにとどめよう。

イスラームのウンマによってイスラーム法(シャリーア)が適用されている地域は、「イスラームの家(ダール・アルイスラーム)」と呼ばれる。これにたいして、イスラームのウンマの支配に服さず、したがってイスラーム法が適用されていない地域は「戦争の家(ダール・アルハルブ)」と呼ばれる(ダールについてはあとでもう一度ふれる)。イスラームの家はイスラームのウンマの支配に服するが、イスラームのウンマとのあいだにズィンマと呼ばれる保護契約を結んだウンマも、契約を遵守《じゅんしゅ》するかぎりにおいて、イスラームのウンマに服属しつつも、生命と財産の安全や信仰の自由を保障される。そのようなウンマに属する者はズィンミーと呼ばれる。ズィンミーがイスラームのウンマにたいして負う義務の主たる内容は、ムスリムに政治的に服従すること、人頭税や地租の支払い、戦時におけるムスリムへの協力などである。

図2　預言者ムハンマドの天界飛行（コーラン第一七章第一節）ブラークと呼ばれる動物に乗った預言者は、イェルサレムの神殿から天国に昇り、過去の預言者と対面している。一五三九年と四三年のあいだにタブリーズで製作された細密画。

出典：A. M. Kevorkian, T. P. Sicre, *Les jardins du désir: sept siècles de peinture persane,* Paris, Phébus, 1983.

ムハンマドははじめ、従前の部族原理に基づく社会にかえて、信仰の絆によってのみ結ばれた(イスラームの)ウンマの建設を意図していたようである(たとえばコーラン第九章第七一節を参照)が、これが非現実的であることを悟ったのか、血縁によって結ばれた家族を基本的な単位とする社会を構想するようになった。のちのムスリムの法学者の描くウンマ観には、ムハンマドの構想と比べて若干ながら部族原理への逆行がみられる。ここでは、個人から家族をへてウンマにいたる、いいかえればミクロからの積み上げという観点から、信徒間の社会関係がイスラーム法においてどのように理解されているのかを概観することにしたい。

中東の家父長制を反映して、イスラーム法において社会的結合の中心となるのは成年男子自由人ムスリムである。ズィンミーについては別途の考察を要するが、それ以外の人間(女性、子供、奴隷)は、成年男子自由人ムスリムとのあいだに保護・被保護の関係を結んでいるとみなされる。もちろんイスラームにも家族という概念は存在するが、法学的にみれば、婚姻という契約を媒介として夫と妻のあいだ、血縁(それに重要性はかなり劣るが姻戚関係)を通じて親族同士のあいだ、所有・被所有の関係を通じて主人と奴隷のあいだには、一定の権利義務関係が存在する。しかし、これら全員を包括する概念は、法学の議論のなかにはあらわれない。問題にされるのは、主として個人と個人、または個人とウンマの関係である。この点を、婚姻後見、親族間の扶養、財産後見、過失による傷害・殺人の損害賠償をめぐる規定に着目して説明することにしよう。

最初に婚姻後見とは、女性や未成年男性の婚姻に際して、その男性男系親族（父、息子、それに本人と男性のみを介して血縁関係を有する者からなる集団）のある者が、その許可をえて、あるいは許可なくして強制的に婚姻契約を結ぶことをさす。そのような婚姻締結権あるいは婚姻強制権を有する者、すなわち婚姻後見人の範囲については、各法学派の立場は異なる。しかしいずれもイスラーム期以前の部族原理から出発している。それによれば、ある者の男性男系親族は、その数を特定することのできないグループに分けられる。第一グループは本人の男性男系卑属、第二グループは本人の父およびその男性男系卑属、第三グループは本人の祖父およびその男性男系卑属であり、以下同様に続く（図2参照）。数の小さいグループに属する者は、数の大きいグループに属する者を排除して婚姻後見をおこなうことができる。同じグループの内部では、親等の小さい者は親等の大きい者を排除して婚姻後見をおこなうことができる。イスラーム法上の婚姻後見人の順位についての規則はこの原理から多かれ少なかれ乖離《かいり》しているが、理論的にはすべての男性男系親族が婚姻後見人の資格を有しうるとされている。つまり、いかに遠縁であろうとも、共通の男性男系尊属を有する者たちはひとつの集団を構成するわけである。ここまで親等が離れるともはや同族とはいえないという限界は、理念的には存在しないのである。逆に、母の兄弟のように比較的近縁であっても、男性男系親族に含まれない者は同族ではないとされる。したがって婚姻後見にかんしては、父系制に基づく部族原理が残存しているということができる。

そのあいだに扶養の権利義務関係が発生する親族の範囲については、法学派によって違いがある。もっともこの範囲を広く解するハンバル派（スンナ派四正統法学派のひとつ）は、扶養権利者（扶養を必要としている者)の直系血族および、扶養権利者が今死亡したと仮定すればこれを相続する権利を有する者を扶養義務者としている。もっとも限定的な解釈をとるマーリク派(スンナ派四正統法学派のひとつ)は、父が子にたいして負う扶養義務と、子が両親にたいして負う扶養義務以外には、親族間には扶養義務は発生しないと説いている。これらの親族のなかに扶養義務をはたすことのできる者がいない場合、ウンマが総体としてその扶養義務を負うことになる。したがって、扶養の権利義務にかんしては、親族ないしは部族の役割は小さくなり、ウンマの役割が大きくなっている。

つぎに財産後見にかんしては、各法学派とも、未成年者の父または祖父、またはこれらが遺言により指名した者だけが法定財産後見人の資格を有するとしている。もしこれらの者がいなかったり、いてもなんらかの理由により不適格とみなされたりした場合、裁判官または裁判によって選任された者が財産後見をおこなうことになる。ここでは裁判官は、ウンマの代表者としての資格において財産後見人を選任している。このように法定財産後見人の範囲がきわめて狭く解され、ウンマの役割が強調されているのは、直系尊属以外の親族、たとえばおじが未成年者の財産を不正に使い込むことが往々にしてあるからだと思われる。

最後に、過失による傷害・殺人の損害賠償の支払義務者にふれておこう。イスラーム法においては、ある者が過失により殺人・傷害をおかした場合、ディヤと呼ばれるその損害賠償金の支払義務を負うのは、本人ではなく、アーキラ(連帯責任集団)と呼ばれる集団である。イスラーム期以前にはアーキラは男性男系親族であった。イスラーム法においては、通説は存在しないが、ハナフィー派(スンナ派四正統

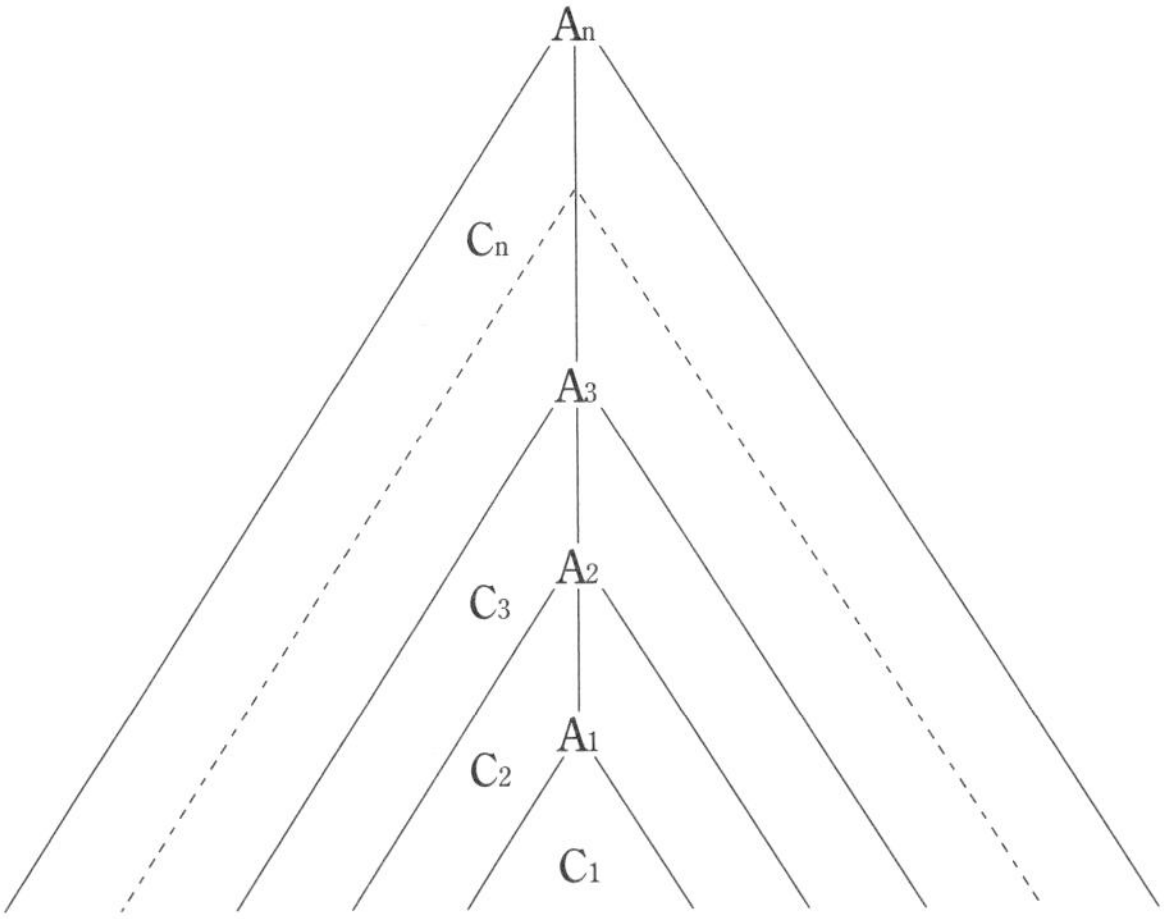

図3　法学者によるアラブ古来の親族構造　本人(A_1)からみて、男性男系親族は、本人の男性男系卑属(C_1)、父(A_2)およびその男性男系卑属(C_2)、祖父(A_3)およびその男性男系卑属(C_3)……、n－1代前の男性男系尊属(A_n)およびその男性男系卑属(C_n)に階層化される。ある共通の祖を有する集団が社会の理念的な構成要素とされる。

法学派のひとつ)は、同じディーワーン(戦士への俸給支払いのための登録簿)に登録している戦士がアーキラを構成するとし、その成員は共同でディヤの支払義務を負うとした。ハナフィー派の法学者の計算では、おおよそ二〇〇〇人から三〇〇〇人の戦士がその支払いの責に任ずるとされていた。ここで注目すべきは、アーキラによるディヤの支払いは、過失による傷害・殺人に限られたという点である。イスラーム期以前には、故意による殺人もまた部族の連帯責任とされていたが、ここでは、何人《なんぴと》も過失により殺人・傷害の加害者となりうるという理解のもとに、アーキラは相互扶助的な性格をおびている。理念的にはウンマがその支払義務を負うべきところ、ディヤを徴収するための便宜上、同じディーワーンに属する戦士がアーキラとされたとみることができるであろう。

このように、婚姻後見においては男性男系親族や部族の権能が残存しているものの、親族間の扶養、財産後見、過失による傷害・殺人の損害賠償にかんしては、近親者、さもなければウンマが全体としてその責務をはたすことが期待されているということができる。

ウンマの主権

右にイスラームのウンマの内部構造について述べたが、それではイスラームのウンマとほかのウンマの関係はどのようになっているであろうか。イスラーム法のなかでこれを扱う分野はスィヤルと呼ばれる。スィヤルはもともと、預言者ムハンマドの戦時の行動をさしたが、のちには、イスラームのウンマとズィンミーとの関係、背教者や反徒の処遇、戦時・平時におけるダール・アルハルブとの関係(後述)、あるいはこれらの関係にかんする規定などをさすようになった。つまりなんらかの意味でイスラームのウンマの外にいる者たちとの関係を定める規定である。ここでは、イスラームのウンマと対等な関係にあるウンマを扱おうというわけであるが、それに先立ってダールという概念について簡単にふれておく必要があろう。

先にも述べたように、イスラームの教義によれば、世界は、イスラーム法の支配に服する「イスラームの家（ダール・アルイスラーム）」と、イスラーム法の支配がおこなわれていない「戦争の家（ダール・アルハルブ）」に分けられる。イスラームのウンマは、布教や出産による人口の自然増加、あるいはジハード（聖戦）などの方法を通じて世界中をイスラームの家に変える義務を負っているが、それは当面は不可能であるということは、八世紀にすでに明白になっていた。戦争の家やその住民とは一切の関係をもたないというのもひとつの選択肢ではあるが、よく知られているように、ムスリムやズィンミーは、山を越え砂漠をよぎり大海原を突っ切って世界各地と交易をおこなっており、そのなかにはビザンツ帝国やインドのように国家体制が築かれている地域もあった。

そうした地域との平時の関係をどのように定めるかという問題は、すでに八世紀には意識されていたが、法学者は、渉外事件における準拠法の決定という問題についてとくによく論じている。ここではハナフィー派学説によりつつ、その概要を説明しよう。問題は、ハルビー（戦争の家に属する異教徒）・ムスタァミンとイスラームの家に属するムスリムとのあいだ、あるいは逆にムスリム・ムスタァミンとハルビーとのあいだに紛争が生じ、その紛争をめぐる訴えがイスラームの家内のムスリム法廷に起こされた場合に、ムスリムの裁判官はこれを受理することができるのか、できるとすればどの法が適用されるのかということである。

ここでハルビー・ムスタァミンとかムスリム・ムスタァミンといった言葉について説明しておこう。すでに述べたように、異教徒は、その属するウンマがイスラームのウンマとのあいだでズィンマを締結した場合にかぎり、ズィンミーとしてイスラームの家の住民となることができる。しかしハルビーでも、個人の資格において安全保障(アマーン)をイスラームのウンマまたはムスリム個人からえて特別に滞在を許可された場合は、一年を超えない期間のあいだ、イスラームの家に滞在することができる。このような異教徒はハルビー・ムスタァミンまたはたんにムスタァミンと呼ばれる。同じことは戦争の家に赴こうとするムスリムについてもいえるのであって、やはり戦争の家の国家またはそれに属する個人から安全保障をえることにより、戦争の家に滞在することができる。そのようなムスリムはムスリム・ムスタァミンと呼ばれる。

つまりハルビー・ムスタァミンとムスリム・ムスタァミンのあいだにはいわば対称性が存在するわけであるが、この対称性は、渉外関係の法全体を貫く原理でもある。この点を以下に具体的に説明することにしよう。今、イスラームの家または戦争の家において、ある契約(たとえば売買契約)が結ばれ、この契約に従って(品物の引渡しや代金の支払いなどの)義務を負った者がそれを履行しなかったり、履行のあとに当事者の一方がなんらかの理由でその無効を主張したりした場合、あるいは不法行為(たとえば侵奪)がおこなわれた場合を考えてみよう。ここで侵奪とは、他人の財産をその意思に反して奪うことを

図4　シチリアの地理学者イドリースィー（一一〇〇〜六五）の『世界各地を深く知ることを望む者の慰みの書』に掲載された世界地図　南が上に描かれている。

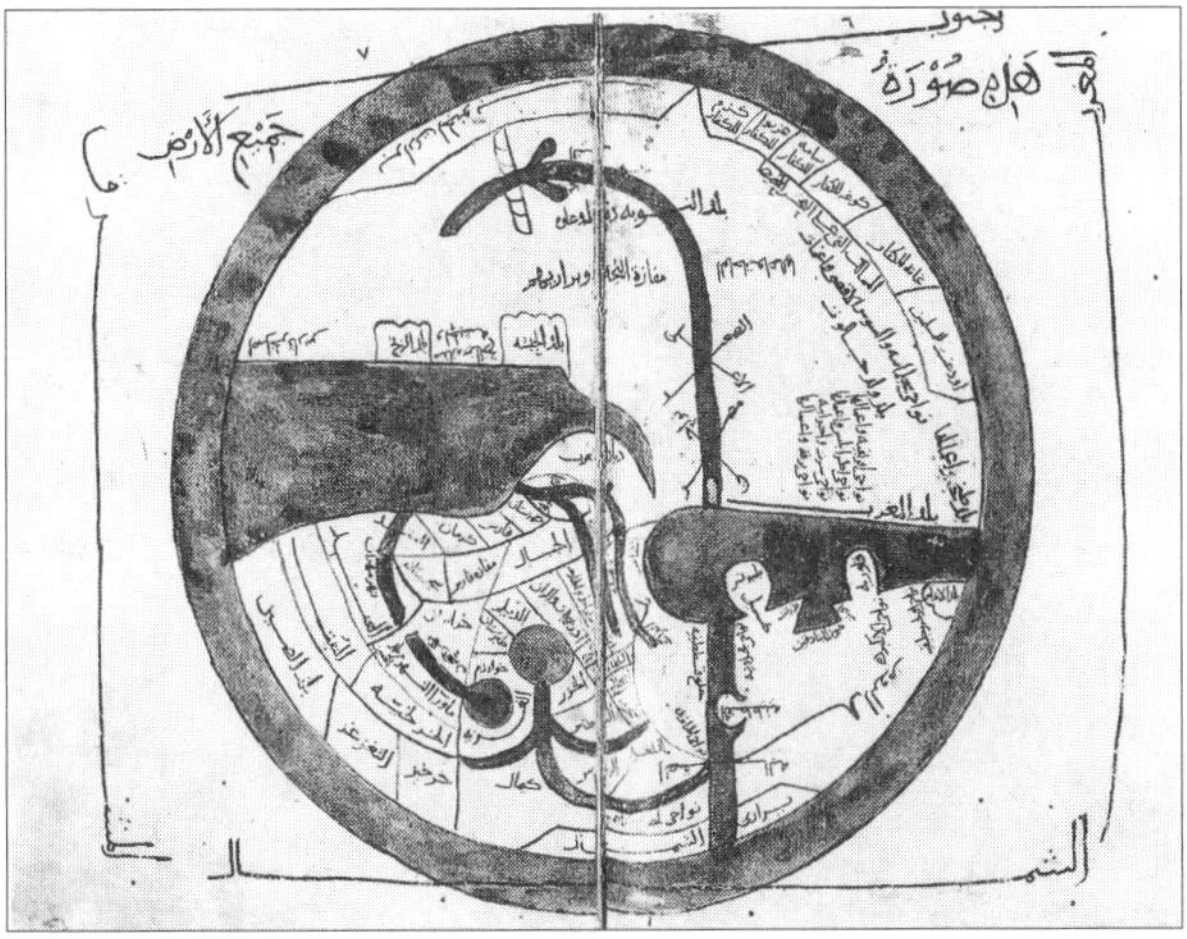

図5　十世紀後半に活躍したイラク生まれの地理学者イブン・ハウカルの『大地の姿』に掲載された世界地図　やはり南が上に描かれている。

出典：Fuat Sezgin, *Geschichte des arabischen Schrifttums*, Band XII, Frankfurt: IGAIW, 2000.

さす(それが人里離れた場所でおこなわれたならば、追剝罪《おいはぎ》が成立して刑罰の対象となるが、ここではそれにはいたらない程度で、民事上の効果として財産の返還またはそれにかわる損害賠償だけを問題とする)。これらの場合に、いずれの裁判所が管轄権を有するのか、また管轄裁判所が定まったとしてその準拠法(その裁判所において適用される法)は、以下の規則に従って定められる。なお、最初に「イスラームの家」とか「戦争の家」と記したのは、契約が成立したり不法行為がおこなわれたりした場所をさしている。

戦争の家	イスラームの家
(1) 訴えが起こされた時点で少なくとも当事者の一方がハルビーならば、戦争の家の法廷が当該事案について管轄権を有する。 準拠法は戦争の家の法である。というのは、暗黙の前提として、ハルビーは、契約が成立したり不法行為がおこなわれたりした時点からハルビーだったことになっているからである。もしムスリムだったとすると、背教者にあたり、ムスリムの法学者の考察外となる。 なお、当該地域がイスラームの家にたとえば征服の結果編入された場合は、ハルビーはイスラームに改宗するか、ズィンミーになるかのいずれかなので、	(1) 訴えが起こされた時点で少なくとも当事者の一方がムスリムならば、ムスリム法廷が当該事案について管轄権を有する。現代風にいえば、イスラームのウンマはイスラームの家において領域主権を有するわけである。準拠法(裁判所が適用する法)の決定については場合分けを要する。 (a) 契約が成立したり不法行為がおこなわれたりした時点で当事者の両方がハルビー・ムスタァミンだった場合は、準拠法は理念的には戦争の家の法である。 (b) 契約が成立したり不法行為がおこなわれたりした時点で当事者の少なくとも一方がムスリムだった

場合、準拠法はイスラーム法である。
(2) 訴えが起こされた時点で当事者の両方がハルビーならば、戦争の家の法廷が当該事案について管轄権を有する。ムスリム法廷は訴えを取り上げることはできない。戦争の家の法廷が訴えを取り上げるのは、当事者の両方が戦争の家に帰還するか、(法学書にはあらわれないが)イスラームの家が戦争の家に転換した場合である。
　準拠法は戦争の家の法である。というのは、暗黙の前提として、両方のハルビーは、契約が成立したり不法行為がおこなわれたりした時点からハルビーだったことになっているからである(もしムスリムだったとすると、背教者にあたり、訴えは問題にならない)。

上欄(1)の規定が適用される。
(2) 訴えが起こされた時点で当事者の両方がムスリムならば、ムスリム法廷が当該事案について管轄権を有する。準拠法の決定については場合分けを要する。
(a) 契約が成立したり不法行為がおこなわれたりした時点で当事者の両方がムスリム・ムスタァミンだった場合、準拠法はイスラーム法である。
(b) 契約が成立したり不法行為がおこなわれたりした時点で当事者の少なくとも一方がハルビーだった場合は、準拠法は理念的には戦争の家の法である。

　若干の補足をおこなうと、(1)(a)や(2)(b)において、準拠法は理念的にはハルビーの法であるとされているのは、実務上は、現状を追認するという以上の意味はない。ハナフィー派によれば、戦争の家は別名「免責の家」と呼ばれ、そこではいわば「万人の万人にたいする戦い」がおこなわれている。「戦争の家」には、イスラームの家と少なくとも潜在的に交戦状態にあるという含みのほかに、真の法秩序を欠いた地域という含みもあるからである。これは乱暴な議論のようにみえるが、戦争の家をいつかはイスラームの家に転換することがムスリムの義務であるとするジハード理論からは妥当な帰結ともいえる。

たとえばある地域が征服や住民の大部分の改宗の結果イスラームの家に組み込まれたとする。ここで、イスラーム法を排除してその地域の従前の法を適用することは理論的にも容認されえないし、また裁判官の負担を考えても非現実的である。といって、過去にさかのぼってたとえば現在の所有関係や身分関係(婚姻や親子関係)を、イスラーム法を適用することによって是正することも非現実的であり、無用の混乱を生ずることになろう。ある物にたいする事実上の占有や身分関係はできるかぎり維持することが、とくに平和裏にイスラームの家への併合が実現した場合には、唯一の現実的な政策と考えられるのである。そのためには、戦争の家の法を規範的には無価値だとみなす必要があるわけである。

それはともかくとして、七四〜七五ページの表をよく見ていただきたい。ムスリムがほかの宗教に改宗する場合は、悔悟して復教するか死刑に処されるかのいずれかしかないため、契約成立あるいは不法行為の時点でハルビーだった者がムスリムになる場合に対応する規定は欠けている。しかしこの点を除けば、この表からは、裁判管轄と準拠法という問題にかんして、イスラームのウンマと戦争の家のウンマの関係が対等あるいは対称になっていることがみてとれるかと思う。いいかえれば、ダール(イスラームの家と戦争の家)を異にするウンマのあいだでは相互に主権が認められるわけである。

参考文献

古賀幸久『イスラム国家の国際法規範』勁草書房　一九九一年
眞田芳憲『イスラーム法の精神』（改訂増補版）中央大学出版部　二〇〇〇年
鈴木董『オスマン帝国とイスラム世界』東京大学出版会　一九九七年
柳橋博之「イスラームにおける「戦争と平和の法」」（歴史学研究会編『戦争と平和の中近世史』青木書店　二〇〇一年）
湯川武編『イスラーム国家の現実と理念』（講座イスラーム世界5）栄光教育文化研究所　一九九五年

第五章　柳橋博之

シャリーア

生活の指針

シャリーアとフィクフ

近年のイスラーム復興運動のなかでは、シャリーアの復活あるいは再施行がひとつの綱領として掲げられることが多い。シャリーアはしばしばイスラーム法と訳されるが、この訳語はあたっているようでもあるが、必ずしも正確ではないともいえる。イスラーム法という訳語はむしろフィクフという別の概念にたいして与えるほうが適当な場合も多い。それでは、シャリーアとかフィクフとはどのようなものであろうか。

人類の創造以来、神は多数の預言者を地上に遣わし、啓示を通じてシャリーアを授けた(アブラハムのシャリーア、ユダヤ教のシャリーア、キリスト教のシャリーア、イスラームのシャリーア等々。ただし以下でたんにシャリーアといえばイスラームのシャリーアをさす)。「水場にいたる道」を原義とするシャリーアは、最終的に来世において信徒を天国へと導くための行動指針をさし、神と人間の関係を定める(儀礼にかかわる)規則と人間同士の関係を律する規則を含む、広汎な行為規範の体系である。シャリーアは、具体的にはコーランとスンナ(預言者の言行ないしはそれに含まれる規範)に体現されている。預言者の言行の記録がハディースであるが、スンナとハディースは同義に用いられることも多い。

シャリーアにおいては、人間の行為は、その規範的な価値に従い、義務的な行為、推奨される行為、許容される行為、忌避される行為、禁止される行為(「五範疇《ごはんちゅう》」と呼ばれる)に分類される。シャリーアをどのレヴェルで遵守《じゅんしゅ》するかは、ある程度までは個々の信徒に委ねられているが、およそムスリムである以上は必ず遵守の義務を負う最低の規範が存在する。そのような規範の体系あるいはそのような体系を導き出すための学問がイスラーム法(フィクフ。原義は「理解」)である。イスラーム法の根拠もまたコーランとスンナであるが、その体系をつくる際にいくつかの問題が生ずる。

第一に解釈の問題がある。コーランやハディースの字義解釈も問題であるが、とくにそのなかの文言がある行為を命令したり禁止していたりしても、その命令や禁止を強制すべきか否か、すなわちわれわれの用語によれば、その文言にたいして法的効力を認めるべきか否かを決定する必要がある。いうなれば、シャリーアが合法と違法の体系であるのにたいして、フィクフは有効と無効の体系である。たとえば、ムスリムが負う義務のひとつに一日五回の礼拝がある。その時刻は比較的厳密に定められているが、それでは礼拝時刻に売買契約が成立したとすれば、その契約はどのように評価されるか。シャリーアの立場からは、この契約は禁止されている。しかしイスラーム法の多数説の立場によれば、契約はそれでも有効とされている。このように、ある行為が合法とか違法とかいっても、そこから一義的に法的効力が定められるわけではない。法的効力を定めるための理論的な体系が要請される所以《ゆえん》である。

第二に、コーランやスンナの多くはある特定の事件が起こった際に与えられたものである。そのため、ある規定がどのような場合に誰にたいして適用されるのかという適用の範囲や対象が、一義的には定まらないことが多い。たとえば、コーラン第二章第二三四節には、「お前たちが妻を残して召された場合、彼女は四カ月と一〇日待たなければならない」と説かれ、あたかも寡婦の待婚期間はつねに四カ月と一〇日であるかのように読める。しかし法学者は、この規定は妊娠していない寡婦にたいしてのみ適用され、妊娠している寡婦については、同第六五章第四節において、離婚された妻(したがって寡婦ではない)にかんして定められた「妊娠している者の待婚期間は出産までとする」という規定が準用されると説いている。

第三に、人類に遣わされた最後の預言者ムハンマド亡きあと、人類には、神の啓示も預言者による導きも与えられない。他方、コーランやスンナで規定されていない未知の事案は日々あらたにあらわれるので、法の欠缺《けんけつ》が生ずることになる。これを埋めるのは法学者の責務であるが、コーランやハディース を根拠としつつ、神の意思を忖度《そんたく》して法体系を構築するために、イジュマー(合意)とキヤース(法的推論)にかんする理論が八世紀以降発展していった。

イジュマーは、スンナ派の通説においては、コーランやスンナに明文の規定が存在しない場合において、ある法律上の論点にかんする見解の一致として定義される。イジュマーが成立するためにその見解

図1　法廷のサーディー　サーディーは十三世紀のイランの文学者。一五三〇年ころ、タブリーズで製作された細密画。

出典：A. M. Kevorkian, T. P. Sicre, *Les jardins du désir: sept siècles de peinture persane,* Paris, Phébus, 1983.

の一致が必要とされる主体の定義をめぐっては論争があるが、スンナ派の通説は、一般信徒は特定のムジュタヒド(コーランやハディースに解釈の余地のない文言が存在せず、またイジュマーも成立していない事項にかんして、自らの判断により独自の見解を唱える資格を有する法学者)の見解に従う義務を負うことを前提として、ムジュタヒドの見解の一致をもってイジュマーが成立すると唱える。ある見解についていったんイジュマーが成立すると、それは最後の審判にいたるまですべてのスンナ派信徒を拘束する。スンナ派においては、コーラン、スンナ、イジュマー、キヤースがフィクフの法源とされている。

イスラーム法の特徴として以下の点があげられる。第一に、イスラーム法は属人法であり、イスラームを信仰する者にたいしてのみ適用される。ただしハナフィー派によれば、ムスリムがイスラーム法に拘束されるのは、ムスリムがイスラームの家に居住している場合に限られる。第二に不変性である。いずれの学派もコーランを第一の法源とし、スンナ派は預言者のスンナを第二の法源とみなすが、これらはいずれも歴史上のある時点で固定されてしまった。第三法源のイジュマーもいったん成立するとこれを変更することはできない。そこで、理念的には、イスラーム法は時代がくだるにつれて固定され、これら上位の法源に規定のない事案にかんしてのみ、後世の法学者が独自の見解を唱える余地があるとされたのである(もっとも現実には、さまざまなレヴェルで学説の展開が見られた)。第三の特徴は客観主義である。イスラーム法は、行為者の意思を忖度することをきらい、ある行為の法律効果をその外形に着目して決しようとする。この傾向はハナフィー派とシャーフィイー派においてとくに顕著である。これは、法学者によれば、人間の意思を忖度することは神にのみ可能な所為だからであるという観念に基づく。

しかし歴史的には、イスラーム法が商人の法を基礎として発展したことや、イスラーム初期において法学者が、カーディー(イスラーム法を適用する裁判官)を政治権力の干渉から守るために法規定の客観化をはかったこともその一因と考えられる。

前近代におけるイスラーム法の発展——十世紀まで

七世紀にアラブ・ムスリムによる中東地域の征服がおこなわれた。以後、アラブの慣習法、古代オリエント以来の法伝統、なかば慣習化したローマ法、ユダヤ法、ササン朝ペルシアの法などを取り込んで、八世紀前半には法制度が一応整備されることになった。その主体となったのは、一方では国家であり、他方では市井の法学者であった。イスラーム国家(ウマイヤ朝やアッバース朝)は、旧ビザンツ帝国領や旧ササン朝領の行政規則を踏襲して、とくに税法や国家組織法を発達させた。

それ以外の法分野、とくに財産法、家族法、刑法、儀礼にかかわる規則などは、市井の法学者によって体系が形成された。八世紀の段階まではまだ専門の法学者は少なく、多くの法学者は、本業である商工業にたずさわるかたわら、法学説を形成していった。とくに、一般信徒は、日々生ずる法律問題を解決するために、地域で名声を有する法学者のもとに見解を聞きにいき、法学者は、主としてコーランの文言や、預言者ムハンマドや先人の例、あるいは地域の学説・慣習を頼りに見解をだした。このように法学者が依頼人の求めに応じて発する見解はファトワーと呼ばれるが、ファトワーが集積され、また淘汰されていく過程で、各地域に固有の学統が生まれることになった。これがイスラーム法(あるいはイスラーム法学、フィクフ）成立の過程である。このような学統は数多く存在したであろうが、八世紀なかばになると、イラクではクーファ、ヒジャーズ（アラビア半島の北西部）ではメディナ、シリアではダマスクスの学統が影響力を強め、さらに九世紀初めにはクーファとメディナの優位が確定した。

他方、七世紀末以降、伝承家と総称される人々の活動が目立ってくる。伝承家は、教友（生前に一度でも預言者ムハンマドと会ったことのある信徒）や教友と接触のあった人々を訪ねてイスラーム圏各地（西はイベリア半島から東はスィンドまで）を旅して、ハディースや教友の見解を収集した。教友は、預言者のハディースを伝えたことから高い権威を与えられたのである。この過程でかなり多くのハディースが創作され、のちのムスリムの学者は、その真偽判定に多大の努力を注ぐことになる。そしていわば自然な成り行きとして、伝承家のなかからは、慣習の影響力を排除して、スンナ、すなわちこのようにして集められたハディースに体現された規範を信徒の行動の指針としようとする勢力があらわれた。

クーファやメディナの学統と伝承家はある時点までは対立したが、九世紀前半には両者の立場を折衷する考え方が支配的になっていく。その結果、イスラーム実定法は、つぎの二点において大きな変化をこうむる。第一は、スンナが、法源としてコーランに匹敵する権威を与えられたことである。その論拠として、預言者ムハンマドは神から「不可謬性《ふかびゅう》」を賦与されていると主張された。これにより、従来の学説が修正をよぎなくされることも多かったが、ここではそのような例をひとつだけあげることにしよう。

預言者ムハンマドは、「自分が所有していない物を売ってはならない」と語ったとされる。しかし、

図2　ファラジュ・イブン・バルクークのマドラサ兼ハーンカー(カイロ)　マドラサは法学教育の中心であった。中町信孝氏撮影。

イスラーム最初期には、この禁止に抵触するタイプの売買がいくつか存在した。そのひとつにムラーバハ（「利潤上乗せ」というほどの意味）売買と呼ばれるものがある。これは、売主がまだ取得していない物を目的とする売買であり、その代金を売主がその取得に要した費用（原価）に一定の利潤を上乗せした金額に設定するものである。たとえば、馬についてムラーバハ売買が結ばれたとしよう。売主がこれを第三者から九ディーナール（金貨の単位）で買い、その運搬や飼料代などに一ディーナールを要したとすると、原価は一〇ディーナールとなり、これに約定の利潤、たとえば原価の一割を加えて、一一ディーナールがムラーバハ売買の代金となる。この売買の両当事者にとっての利点は容易に想像がつくであろう。買主は馬を専門に扱っている売主の知識と経験を利用して妥当な価格で馬を手に入れることができる。売主は確実に利潤を上げることができるからである。

しかし右に引用したハディース（預言者の言葉）によれば、ムラーバハ売買は禁止されることになる。そこで法学者は、匿名代理という新しい制度を導入することにした。ここで匿名代理とは、たとえばBがCの代理人としてAから物を買う際に、自分がCの代理人として売買をおこなっていることをAにたいしては告げないことをさす。この場合、売買契約の当事者はAとBであるが、品物の所有権はAから直接Cに移転する。イスラーム法においては元来、代理人は必ず本人の名前において契約を結ばなければならないとされていた。より正確には、たとえばある品物の購入のために選任された代理人が自分の名前で契約を結んだ場合、品物の所有権はいったん代理人に属する。したがってそのあとで代理人がその所有権をもう一度本人に移転しなければ、本人はその所有権を主張することはできなかったのである。しかし、元来のムラーバハ売買においては、売主は第三者(原売主)とのあいだに売買契約(原売買。時間的にはムラーバハ売買のあとに結ばれるが)を結んで品物を購入するが、原売買が成立すると同時にその所有権はムラーバハ売買の買主に移転していた。つまりムラーバハ売買とは、実質的には匿名代理による売買にほかならなかったのである。

しかし、先述の預言者のハディースにより、売主が品物を取得してからはじめてムラーバハ売買が締結可能とされるようになった。そこで法学者は、匿名代理を導入することにより、元来のムラーバハ売買の機能を維持したのであった。なお、ムラーバハ売買のほうは、売主に原価と利潤を明示することを義務づけ、かつ虚偽の申告がおこなわれた場合には契約が無効になると定めることにより、商取引に暗い買主を保護するための特殊な売買としての性格を与えられるようになった。

第二に、コーランやスンナといった、もはや更新されることのない啓示的法源が絶対の権威を与えられたことにより、学説に枠が課せられ、法学派の成立がうながされた。もっとも、法学派の成立には、自生的な原因も深く関与している。すなわち、イスラーム草創より二世紀余りが経過し、この間に多数の学識ある法学者の学説が集積された段階では、独立の学統を創始する資格を有する法学者はもはやあらわれない。法学者は、過去の権威ある法学者のいずれかの学統を継承し、その細部を磨き上げることに専念しなければならないという思潮が優勢になっていたのである。

こうして十世紀前半には法学派が成立するにいたる。クーファの学統はハナフィー派(学祖アブー・ハニーファ、七六七年没にちなむ)、メディナの学統はマーリク派(学祖マーリク・ブン・アナス、七九五年没にちなむ）となった。両派は、それぞれの地域の学統における具体的な規定にはあまり修正を加えずに、ただその根拠の説明においてコーランやスンナへの依存を深め、また法学的な推論の方法を洗練することによって伝承家からの批判に応えた。続いてコーランやスンナの権威をさらに高め、イジュマーを厳密に定義し、キヤースの方法を確立して新しい学統を創設したのがシャーフィイー（八二〇年没）であり、その衣鉢を継ぐ者たちによってシャーフィイー派が形成された。その後、コーランやハディースのより徹底的な字義解釈を標榜したのがイブン・ハンバル（八五五年没）であり、その立場に共鳴する者たちによってハンバル派が成立した。そのほかにも法学派はいくつか成立したが、歴史上のある時点で消滅したため、これら四法学派が正統学派と目されることになった。

前近代におけるイスラーム法の発展――十世紀以降

十世紀以降のイスラーム法を特徴づけるのは、学説の固定である。すなわち、社会が変動してもイスラーム法の本質的な変容はもはや容認されなくなったために、法学者は、その解釈または適用を柔軟にすることによって社会的な欲求に応えようとした。ここではそのような適用の一例として、法学者がいかにして利息の禁止を回避したのかという実例をあげることにしよう。

マムルーク朝（一二五〇～一五一七年）支配下のエジプトで活躍したシャーフィイー派の法学者スブキー（一三五五年没）はつぎのように述べている。当時のエジプトには「孤児庁」なる組織があった（その実態は不明）。ここでは、孤児（アラビア語の「孤児《ヤティーム》」は、母の有無にかかわらず父を亡くした子をさす）の財産を

図3　カイロにあるシャーフィイー派の学祖シャーフィイーの廟　中町信孝氏撮影。

(٤٣)

وهذا مثال قباب الائمة المجتهدين على نهر الحياة في الجنة الذي هو مظهر الشريعة المطهرة
في الدنيا وانما ذكرنا فيه رسول الله صلى الله عليه وسلم مع قباب الائمة الاربعة لانهم ما نالوا
هذا المقام الا باتباع شريعته فكان من كمال نعيمهم في الجنة شهود ذاته صلى الله عليه وسلم
فتأمله تهتدي ان شاء الله تعالى

اقول انما اقتصرنا على قباب الائمة الاربعة من المجتهدين لانهم هم الذين دام تدوين مذاهبهم
الى عصرنا هذا وكانوا نوابا لرسول الله صلى الله عليه وسلم في هداية امته الى شريعته فكانه صلى
الله عليه وسلم لم يمت الى يوم القيامة فلذلك جعلنا قبابهم بجانب قبته صلى الله عليه وسلم
فلا يفارقونه صلى الله عليه وسلم في الدنيا ولا في الآخرة وما رسمت هذه القباب بعقلي وانما
رسمتها على نحو ما رأيتها في الجنة في بعض الوقائع والحمد لله رب العالمين ولكن ذلك آخر فصل الامثلة

図4　シャアラーニー『大きな秤』から　スンナ派四法学派の学祖の廟が預言者の廟の下に建てられている。これら学祖が、預言者ムハンマドのもたらしたシャリーアに追従することによってその権威ある地位をえたことを示している。

出典：Al-Sha'rānī, *al-Mīzān al-kubrā*, Cairo: 1932.

運用して利殖することをめざしていた。たとえば、ある商人が孤児庁のもとにやってきて、一〇〇〇ディルハムを借り、これに二〇〇ディルハムを上乗せして一二〇〇ディルハムを返済することを申し出たとしよう。イスラーム法上、利息をとることは禁止されているので、孤児庁としては、単純に金を貸して利息をとるわけにはいかない。そこでとられていた方法のひとつはつぎのとおりであった。その商人は、価額一〇〇〇ディルハム相当の品物をもってきて、孤児庁にこれを売却する。孤児庁の担当者は、代金として、(一人または複数の)孤児の財産中から一〇〇〇ディルハムを商人に支払う。その直後に、商人は、これを一二〇〇ディルハムで買い戻すが、ただし支払いには期限を付すことにする。ただし、その支払いを担保するために、孤児庁は質権を設定することを忘れてはならない。

このやり方は、単独では合法な二つの売買を組み合わせることによって利息付金銭貸借の禁止を回避するものであるが、ハナフィー派と一部のシャーフィイー派の法学者はこれを合法な手段とみなしている。

ワクフを相続法の適用を回避する目的で設定することも同様の例としてあげることができる。ワクフとは、たとえばある者が所有する土地や建物の所有権の移転を永遠に停止(「ワクフ」の原義)し、そこから上がる収益(主としてこれらの物件を賃貸することによってえられる賃料)をその者が指定する受益者に与える行為をさす。理論上は、ワクフ受益者として第一に予定されているのは貧者やモスクなどであり、ワクフは、第一義的には、宗教上推奨される目的のために設定されるべきだとされていた。しかしすでに八世紀において、ワクフは、配偶者や非男系卑属への財産の継承を可能にするイスラーム相続法の規定を回避するために活用されていた。この規定は、アラブの父系制社会の原理と矛盾するものであるが、ワクフ設定者が受益者として男系の卑属のみを指定すれば、妻の一族や非男系血族を相続から排除することができるわけである。八世紀の段階ではそのことを理由としてワクフを違法とする学説も唱えられていたが、九世紀以降は、ワクフは合法とされるようになった。

イスラーム法は十世紀段階で大方固定されてしまったが、とくに目的に合法性が認められる場合(孤児の保護や姻族や非男系血族を相続から排除するという目的)には、解釈や運用しだいで社会的な要請に応えようとする姿勢が法学者にはみられたのである。ただしひとつ注意すべき点がある。たしかにイスラーム法は、建前上はイスラーム国家においてもっとも高い権威を有する法体系であった。しかしイスラーム圏の大部分の地域で、イスラーム法のほかに、国家制定法や慣習法がおこなわれていた。行政法や刑法の大部分は国家制定法であり、そのなかでもっとも有名なのはオスマン帝国のカーヌーンである。またイスラーム圏の周縁部では、慣習法の影響力は、とくに相続法の分野で顕著であった。イスラーム法は、家族法の分野でもっとも忠実に適用され、財産法がこれに続いた。

近現代におけるイスラーム圏の法体制

前近代には、行政法・刑法の分野ではすでに法典化がおこなわれていたが、イスラーム法が法典編纂の対象となることはなかった。十九世紀にいたり西欧列強がイスラーム圏に進出してくると、イスラーム諸国はその圧力のもと、近代化の一環として、同世紀後半から法典編纂に着手した。英領インドでは、イギリス法を継受した法典があいついで制定され、ほかの英領植民地もこれに追随した。中東において、民法財産編にかんして法典編纂の嚆矢《こうし》となったのはオスマン帝国の「メジェッレ」(一八六九~七六年)である。これはハナフィー派の財産規定のなかから当時の社会的経済的状況に適合した学説を取捨選択して条文形式に配列したものである。しかし商法、行政法、刑法、訴訟法などの分野ではフランスの法典にならった法典編纂がおこなわれた。それに続き、アラブ圏では、フランス民法典をほぼそのまま翻訳したエジプト民法典をはじめとして、一九三〇年代までに、西欧法、とくにフランス法を継受する立法例がいくつかみられた。その後、マグリブや旧英領植民地ではあらたな法典編纂の動きはあまりなかったが、マシュリクの多くの国では、新エジプト民法典(一九四八年)にならい、イスラーム法にも依拠した法典編纂がおこなわれた。また各国で、法典編纂と同時に近代的な裁判組織が整備されていった。

他方、家族法の分野における法典編纂の歩みは遅々としており、オスマン帝国末期の一九一七年にようやく最初の立法例であるオスマン家族権利法があらわれた。これは家族法がコーランに多く依拠していてイスラームという宗教の一部とみなされる傾向が強く、イスラーム諸国の側が西欧列強の容喙《ようかい》をきらい、また西欧列強の側でも積極的な干渉をひかえたためである。このため、カーディー裁判所は、近代的な改革の対象とはならなかった。

イスラーム諸国における家族法典編纂が盛んになるのは、第二次世界大戦後、イスラーム諸国が独立をはたしたのちのことである。それらの多くの立法例は、各地域で伝統的に支配的だった法学派の学説を基礎としつつ、それに現代社会の要請に応えるかたちで修正をほどこしたものである。多くの国において、法典編纂の過程でカーディー裁判所は一般の裁判所に統合されていった。

イスラーム国家、ないしは大きなムスリム人口をかかえる国家がムスリムを適用対象とする家族法典を制定しようとする場合、その内容自体とともに、シャリーアとの整合性の有無が、その是非をめぐる論争の主要な論点となってきた。なお、ここでいう「シャリーア」とか「フィクフ」は、古典的な意味とは若干異なる。シャリーアが神の許にある理想的な法であるのにたいして、フィクフは、シャリーアを解釈しようとするひとつの試みとみなされ、その権威は相対化されてはいる。それでもフィクフをシャリーアの最良の近似とみなす伝統は根強く残っている。オスマン家族権利法以来、多くの国において、家族法典の個々の条文の根拠が可能なかぎりフィクフの学説に求められてきたのはそのためである。

しかしそれでは対応しきれない場合にはしばしば、シャリーアに抵触しないかぎりで近代的な改革をめざす立法例がみられた。例として幼児婚を取り上げておこう。ハディースによれば、預言者ムハンマドは六歳のアーイシャを娶《めと》ったと伝えられており、これに基づいて、フィクフにおいては、基本的に人間は出生と同時に夫や妻になることができることについては異論がない。しかし現代ではとくに都市部において、幼児婚をこのましくないとする風潮が強い。各国政府は、いわば板ばさみになっており、立法のうえでも苦渋の跡がうかがえる。

エジプトでは、法定年齢に達しない男女の婚姻を登録した官吏にたいする罰則規定(一九二三年)が、続いて裁判所は未登録の婚姻をめぐる訴えを受理することはできないとする規定(三一年)が定められた。これらの措置は、シャリーアによって容認されている未成年者の婚姻にたいする司法的な救済を拒むことによって幼児婚を廃止しようとする政策的意図に基づいていたが、理論上は未成年者の婚姻の有効性を追認することにより、立法化に成功した例である。これにたいして、一九五九年のイラク家族法において、裁判所の許可なくして夫が二人目の妻を娶った場合にこの婚姻を無効とする規定が定められると、シャリーアによって容認されている一夫多妻を否認する立法であるとして保守派からの激しい批判にさらされ、一九六三年の改正によってこの規定は削除されるにいたった。

近現代の国民国家体制のもとでイスラーム法に依拠した立法をおこなおうとする際にあらわれるもうひとつの問題にもふれておこう。それは、誰がどのような法典の適用を受けるのかという問題である。すでに述べたように、イスラーム法は属人法であり、イスラームを信仰する者にたいしてのみ適用される。サウジアラビアのように公称によればすべての国民がムスリムならば、イスラーム法に依拠した法典をひとつ制定しておけば事たりるが、実際にはそのような国はむしろ少数派である。エジプトやシリアのように非ムスリムが無視できないマイノリティを構成している国もあれば、インドのようにムスリムがマイノリティとなっている国もある。これらの国における家族立法の方法はおおよそ三つに分類される。

(1) そのひとつは、古典的なイスラーム法を踏襲するやり方である。エジプトでは、各ウンマ(宗教共同体)ごとに家族法典を編纂しているが、ムスリムと非ムスリムを当事者とする身分関係の紛争が生じた場合、あるいはウンマを異にする非ムスリム同士のあいだで身分関係の紛争が生じた場合、ムスリム用の家族法典が適用される。これは、イスラームのウンマを支配者とし、ほかのウンマをこれに従属させるという古典的な原理に基づく。
(2) モロッコ、チュニジア、シリアなどでは、主としてイスラーム法に依拠した単一の家族法典を編纂し、その信仰を問わずすべての国民がその適用を受けるとしている。ただし一部の条文にかんしてのみ、特定の宗徒への適用が定められたり、適用が除外されたりしている立法例もある。
(3) レバノン、インド、インドネシアなどでは、複数の家族法典が宗教ごとに定められ、しかもそのあいだに優劣の差はないとされている。

最後に、イスラーム圏全体の家族立法の傾向を語ることはむずかしいが、つぎの三点に注意しておこう。第一に、未成年者の婚姻や、一夫多妻、それに夫による妻の一方的離婚の効力などは制限される傾向がほとんどの国でみられる。第二に、非アラブ世界に比べ、アラブ世界における立法はフィクフの伝統に固執する傾向が強い。第三に、一般信徒に目を転ずると、多くの国において、一般信徒は、成文法に従うよりもイスラーム法に忠実であらんと欲し、フィクフの専門家にファトワーを求めることが多く、新聞などでもファトワー面が設けられたりしている。

参考文献

アブドル゠ワッハーブ・ハッラーフ、中村廣治郎訳『イスラムの法——法源と理論』東京大学出版会　一九八四年
イブン・ザイヌッディーン、村田幸子訳・解説『イスラーム法理論序説』岩波書店　一九八五年

眞田芳憲・松村明『イスラーム身分関係法』中央大学出版部　二〇〇〇年
千葉正士編『アジアにおけるイスラーム法の移植』（アジア法叢書21）成文堂　一九九七年
中田考『イスラーム法の存立構造』ナカニシヤ出版　二〇〇三年
塙陽子『イスラーム家族法――研究と資料』全二巻　信山社　一九九九年
堀井聡江『イスラーム法通史』山川出版社　二〇〇四年
柳橋博之『イスラーム家族法――婚姻・親子・親族』創文社　二〇〇一年

第六章　佐藤次高

カリフとスルタン

国を治める者

カリフの誕生

六三二年六月、預言者ムハンマドはメディナで妻アーイシャの胸に抱かれたまま息を引き取った。享年およそ六十二。メッカ商人の家に孤児として生まれてから、神の使徒であることを自覚し、迫害を逃れてメッカに信徒の共同体(ウンマ)を建設するまで、宗教家・政治家としての劇的な生涯を送った。生年は聖徳太子と同年(五七〇年頃)と推定されているから、奇しくもアジア大陸の西と東でほぼ同じころに、次代の歴史を切り開く新しい胎動が始まったことになる。

ムハンマドは自らの後継者を指名しないまま没したので、誰がつぎのウンマの指導者となるかが最大の問題であった。メディナのアンサール(ムスリムへの援助者)は、独自の集会を開いて、つぎの指導者は彼らの仲間うちから選ばれるべきだと主張した。しかしムハージルーン(メッカからの移住ムスリム)の代表者たちはアンサールの説得に努め、その結果、ムハンマドが没したその日のうちに、早くから預言者と行動をともにしてきたクライシュ族の長老アブー・バクルが後継者に選出された。

アブー・バクルが選出されると、まず集会に参加していたアンサールがアブー・バクルに「忠誠の誓い(バイア)」をおこない、翌日改めてムハージルーンを含む全ムスリムによるバイアがおこなわれた。イスラーム史における初代カリフ(在位六三二~六三四)の誕生である。バイアとは、商取引が成立したときに、たがいに手を打ち合わせるイスラーム以前の古いアラブの習慣を意味していた。この儀礼がカリフ権にたいする「忠誠の誓い」として用いられ、その後のイスラーム史のなかでは、ムスリムたちがカリフやスルタンの権威に服従し、これに忠誠を誓う儀式として定着していく。

後継者に選出されたアブー・バクルは、メディナのムスリムたちから「神の使徒の後継者(ハリーファ・ラスール・アッラーフ〈khalīfa rasūl Allāh〉)」と呼ばれた。このハリーファ(後継者)がヨーロッパで訛ったのが「カリフ(caliph)」である。初代カリフに就任したアブー・バクルは、メディナの信徒に向けてつぎのように語りかけた。

私はあなたがたの指導者とされたが、私があなたがたのなかでもっとも優れているわけではない。……私が神と神の使徒に従うかぎり、あなたがたも私に従ってください。もし私が従わないのなら、あなたがたも私に従う必要はありません(イブン・イスハーク『ムハンマド伝』)。

このメッセージには、カリフがまだ絶対的な支配者ではなく、信徒のリーダー的な存在であること、それに神と神の使徒が定めた規範に従って統治することが表明されている。ムハンマドは、宗教家であ

図1　メディナのモスク　元来はムハンマドの家がモスクとして用いられた。現在は、ムハンマドの墓を含む壮麗なモスクとなっている。野町和嘉氏撮影。

図2　イスラーム世界の拡大

ると同時に政治家でもあったから、当然、宗教と政治の二つの権限を合わせもっていた。ここに引用したアブー・バクルのメッセージは、預言者のあとを継ぐカリフは、預言者がもっていた二つの権限のうち、明らかに政治の権限だけを継承したことを示している。

よくカリフは、政治的な権限を失ったあとでも、宗教的な権限はそのまま保持しつづけたといわれる。しかしこれは誤解を招きやすい表現である。この場合の「宗教的な権限」とは、スンナ派ムスリムの象徴的な存在として、礼拝や巡礼などの宗教儀礼を司ることを意味している。コーランを解釈したり、またそれに基づいて立法する権限は一貫してウラマー（知識人）に委ねられ、カリフがこれらの分野に立ち入ることはけっしてできなかったのである。したがってカリフの職権については、「宗教的な権限」と表記するより、「宗教行事を主宰する権限」とするほうがより正確であろう。イスラームの法学書などでは、カリフではなく「イマーム（imām）」と表記されるが、イマームとはもともと指導者とか模範などを意味する言葉であり、転じてモスクでの礼拝の指導者として用いられるようになった。つまり象徴的な意味で、礼拝の指導者としてのカリフの性格を強調した称号がイマームだったのである。

カリフはまた「信徒の長（アミール・アルムーミニーン〈amīr al-mu'minīn〉）」とも呼ばれた。これはアブー・バクルを継いで大征服を積極的に推し進めたウマル（在位六三四〜六四四）がはじめて用いた称号である。のちのカリフは、公式文書などでは、カリフではなくアミール・アルムーミニーンの称号を用いたが、これはこの勇ましい称号が、ウンマの防衛と拡大に責任をもつ軍司令官としてのカリフにふさわしいとみなされたからであろう。

カリフ権の変容

初代のアブー・バクルの時代には、カリフは信徒のまとめ役程度の権限しかもたなかったことは前述した。しかしイラク・イラン・シリア・エジプトでの征服活動が順調に進むと、莫大な戦利品がメディナのカリフのもとへ送られてくるようになった。コーラン(第八章第四一節)の規定に基づいて、戦利品の五分の一はカリフのもとへ送られ、残りの五分の四をアラブ戦士のあいだで分配するのが慣行とされたからである。

イランからエジプトにいたる広大な地域がカリフの支配下におかれ、また莫大な富がメディナに集中するようになると、カリフの権限はしだいに強大なものに変わっていった。第二代カリフ・ウマルは、このような変化に対応して、アラブ戦士を台帳(ディーワーン)に登録し、戦利品の分配にかえて、戦士には現金の俸給(アター)を、またその家族には小麦・大麦などの現物(リズク)を支払うこととした。メディナに設置されたこのディーワーンは、まもなくイスラーム国家の収入と支出を司る官庁をさす用語として用いられるようになる。

アラブ戦士のあいだでは、国家の統治権と富の分配をめぐって利害の対立が表面化し、第三代カリフ・ウスマーン(在位六四四〜六五六)と第四代カリフ・アリー(在位六五六〜六六一)は、いずれも敵対する分派によって暗殺された。ウスマーンは、各地でさまざまに伝えられていたコーランの章句を統一し、現在と同じ冊子体のコーランを編纂したが、これを読誦中に暗殺されたのは悲劇的なことであった。

カリフ権が強化されたとはいえ、当時のカリフは、まだムスリムのリーダー的な性格を残していたから、身辺の警護はおろそかにされていた。この点での改革を実行したのが、ウマイヤ朝(六六一〜七五〇年)の初代カリフ・ムアーウィヤ(在位六六一〜六八〇)である。シーア派の知識人ヤークービー(八九七年没)はつぎのように述べる。

ムアーウィヤは、イスラーム史上はじめて見張り、警察、門番をおいた人物である。玉座に帳《とばり》をおろし、キリスト教徒に書記の仕事を依頼し、眼前を警護の役人が槍をもって歩いた。彼は(ムスリムの)俸給から救貧税(ザカート)を徴収し、玉座に座り、臣下を見くだしたのである(『ヤークービーの歴史』)。

カリフの暗殺が続いたことを考えれば、このような措置は当然のことであったが、ウマイヤ朝政権を批判するシーア派知識人の目には、ムアーウィヤはイスラーム史のなかではじめて「王権を飾った君主」として映ったのであろう。

ダマスクスのウマイヤ朝政権は、アラブ人優位の政策をつぎつぎと実行に移した。征服地で耕作に従事する異教徒の農民は、ハラージュ(土地税)のほかにジズヤ(人頭税)の納入を義務づけられたが、アラブの土地所有者はウシュル(十分の一税)を納入するだけでよかった。この不平等が、イラン・イラクを中心に非アラブの農民が土地をすてて近隣の都市に流入し、イスラームに改宗してマワーリー(庇護民)となる社会問題を引き起こしたといってよい。しかしイスラームに改宗しても、結局、マワーリーはアラブ・ムスリムと平等の権利を獲得することはできなかった。ウマイヤ朝の国庫収入はハラージュによって支えられていたから、都市に移住したり、農村にとどまったマワーリーがハラージュを支払わなくなれば、国庫収入は減少し、国家の存立そのものが危うくなってしまうからである。このようなマワーリーの不満が解消されるのは、つぎのアッバース朝時代になってからのことである。

アラブ人優位の体制がつくられるなかで、経済活動の進展に対応して、アラブ貨幣の発行が開始された。それまで旧ササン朝の領域ではペルシア式のディルハム銀貨が流通し、旧ビザンツ領域では皇帝の肖像を刻んだデナリウス金貨が流通していた。第五代カリフ、アブド・アルマリク(在位六八五〜七〇五)は、これらの貨幣に代えて、あらたにコーランの文句とカリフ名を刻んだアラブ式貨幣を発行した。金貨(ディーナール)と銀貨(ディルハム)に加えて、まもなく銅貨(ファルス)も発行されたが、イスラームの貨幣制度では、ディーナール金貨とディルハム銀貨とからなる二本位制が採用された。イスラームの高度な貨幣経済の発展を支えたのは、各地の都市をむすぶ交通路の整備とその安全確保に努力がはらわれると同時に、純度の高いディーナール金貨とディルハム銀貨が流通したからであるとされている。

アッバース朝のカリフ権

七世紀後半のイスラーム世界では、シーア派ムスリムを中心に、やがて信者の指導者(イマーム)が救世主(マフディー)として再臨し、地上に正義と公正を実現してくれるはずだとするマフディー思想が広がり始めた。アッバース家にイマーム位が伝えられたと主張する人々は、イラク中部のクーファを拠点にして秘密運動を展開し、ヒジュラ一〇〇年(七一八年八月〜七一九年七月)を期して各地に宣教員(ダーイー）を派遣した。イラン東部のホラーサーン地方に派遣されたダーイーたちは、バスラからのアラブ人移住者を中心に、多数の支持者をえることに成功した。

七四六年、イマームの代理としてホラーサーン地方に赴いたアブー・ムスリム（七七五年没）は、これらの支持者を組織し、翌年、ホラーサーン東部のマルウで武装蜂起した。黒旗（メシアを象徴する色）を掲げたホラーサーン軍は、マルウを占拠してウマイヤ朝のホラーサーン総督を追放し、七四九年には、運動の拠点がおかれたクーファに入城した。シーア派ムスリムは、新しいカリフはアリー家のなかから選ぶべきだと考えていたが、同年十一月、ホラーサーン軍の首脳はアッバース家のアブー・アルアッバースを新カリフに推戴し、ただちにバイア（忠誠の誓い）がおこなわれた。「アッバース家の天下（ダウラ）」の到来である。

アッバース朝（七五〇〜一二五八年）は、ウマイヤ朝最後のカリフ・マルワーンの死をもって正式に成立するが、即位後のアブー・アルアッバース（在位七五〇〜七五四）は自ら「サッファーフ（惜しみなく与える者）」と称した。サッファーフを継いで即位したマンスール（在位七五四〜七七五）は、新国家（ダウラ）にふさわしい首都の建設に着手した。当時の首都はイラク中部のハーシミーヤにおかれていたが、この都はシーア派の拠点であるクーファに近く、新政権の安定が損なわれる危険性があったからである。マンスール自らも適地を探索してまわり、その結果、ティグリス川西岸の集落バグダードが選ばれた。

建設は七六二年に始まり、計一〇万人の建築家、職人、労働者と四〇〇万ディルハムの工事費とをかけて、四年後の七六六年に完成し、「平安の都（マディーナト・アッサラーム）」と命名された。新都は三重の城壁に囲まれた円形のプランをもち、直径は二・三五キロ、その中心部には黄金宮(カスル・アッザハブ)とモスクが併設された。宮殿は高さ三七メートルの緑色のドームで覆われていたが、この当時、緑は権威の象徴とみられていたから、このドームははじめからカリフ権の高揚をねらって建設されたことは明らかである。新都の建設後、マンスールは自ら「地上における神の権威(スルターン)」であると称して、カリフ権神授の思想を明らかにしたが、これもカリフ権の神聖化を意図した発言であったといえよう。

また「平安の都」バグダードは、世界を結ぶ国際都市として発展すべく設計されていた。円城に設けられた四つの門を取り上げてみよう。北東部のホラーサーン門を出てティグリス川の船橋を渡り、ホラーサーン街道を東にたどれば、絹の道をへてやがて唐の都長安に達する。南東部のバスラ門を出てティグリス川を船でくだれば、港町バスラを経由してペルシア湾からインド・東南アジアへと続いていく。また西南部のクーファ門を出て西へ道をたどれば、中央アジアやイランからの巡礼者が集結するクーファがあり、その先にはイスラーム世界の中心メッカがある。北西部のシャーム(シリア)門を出てユーフラテス川沿いにさかのぼり、途中から西へ進めばダマスクス、北へ進めばアレッポをへて絹の道の終点コンスタンティノープルに到達する。

この雄大な構想どおり、八世紀末以降に経済の発展期をむかえると、中国の絹織物や陶磁器、東南アジア・インドの香辛料や木材、中央アジアの毛織物や奴隷、さらにはアフリカの金や奴隷などが、海陸の通商ルートを用いてバグダードにもたらされるようになった。逆にバグダードからは、綿織物、絹織物、貴金属・ガラス製品、紙などがイラクの特産品として周辺のイスラーム世界、ビザンツ帝国領に向けて輸出されるようになった。建設当初のバグダードでは、市場(スーク)は四つの城門と内壁を結ぶアーケードに設置されていたが、カリフの安全を確保するために、七七三年、円城の南三キロにあるカルフ地区へ移転された。九〜十世紀へかけて、このカルフ地区がバグダードの商工業センターとしてめざましい発展をとげていくことになる。

アッバース朝時代にはユーフラテス川とティグリス川を結ぶ運河が数多く開削され、運河の水は交通と灌漑と飲料用に用いられた。イラクに進出したアラブ人が緑に覆われた平野をサワード(黒い土地)と呼んだように、イラク中南部はもともと肥沃な農耕地帯であったが、水利灌漑施設の充実によって、小麦・大麦・米・砂糖きびなどの農業生産はさらに増大したのである。東西の国々と結ぶ広範な交易活動と灌漑に基づく豊かな農業生産、この二つがアッバース朝とその首都バグダードの繁栄を支える要因であったと思われる。

大アミールとスルタンの登場

しかし九世紀なかばすぎになると、経済活動は順調であるにもかかわらず、国家の統治とカリフ権にはほころびが目立つようになった。その原因の第一は、地方政権の自立によるアッバース朝の版図の縮小である。まず八二一年にホラーサーン総督のターヒルがアッバース朝から自立してターヒル朝(八二一〜八七三年)を興し、ついで同じイラン中部に建国されたサッファール朝(八六七〜九〇三年)は、ター

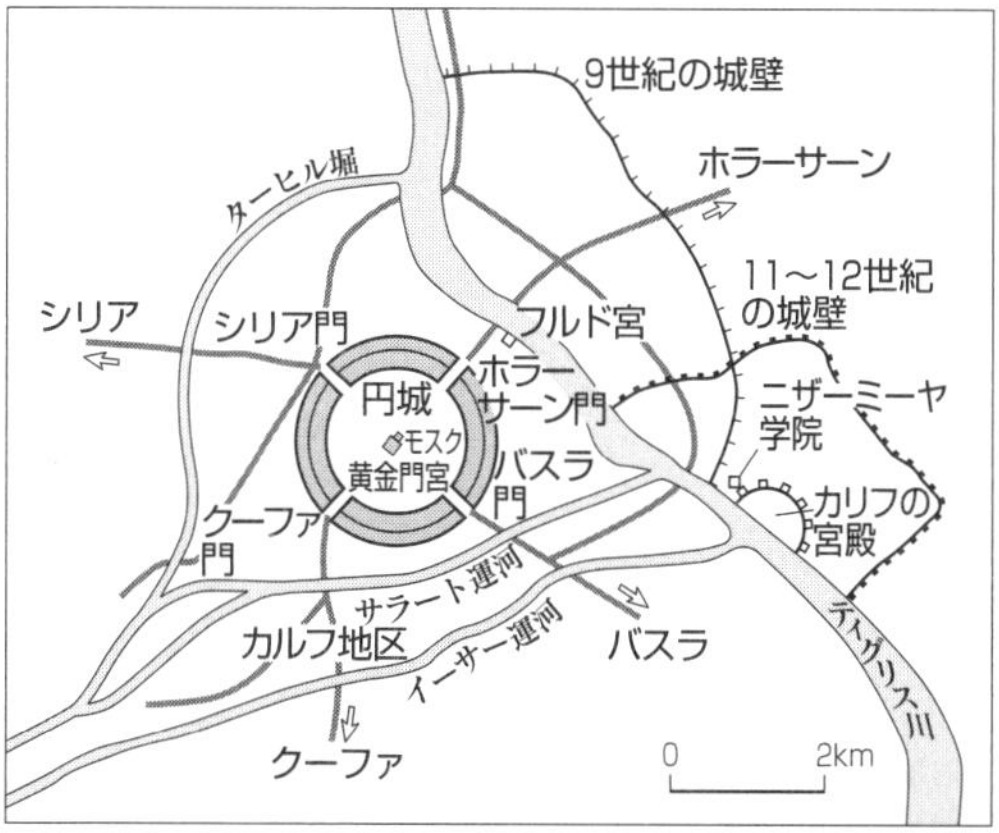

図3　アッバース朝時代のバグダード市街図

図4　サーマッラーのミナレット　カリフ・ムタワッキルのミナレット。建造は九世紀なかば、高さは約五〇メートル。

ヒル朝を吸収して西方への進出を開始した。またイラン系の土着貴族であったサーマーンは、サマルカンドにサーマーン朝(八七五〜九九九年)を樹立し、一方エジプトでは、トルコ人マムルークの息子イブン・トゥールーンがバグダードへの納税を拒否して、トゥールーン朝(八六八〜九〇五年)を開いた。このような地方政権の樹立によってアッバース朝の国庫収入は減少し、そのため俸給の支払いはとどこおりがちとなった結果、カリフが軍隊を掌握することはしだいにむずかしい状況となった。

第二の原因は、マムルーク軍人の台頭である。アッバース朝の成立から半世紀余りをへて、革命軍の主力をなしていたホラーサーン軍は、その大半が第二世代の子供たち(アブナー)へと交代し、カリフへの忠誠心もうすれていた。そこでムータスィム(在位八三三〜八四二)は、即位後およそ七〇〇〇騎にのぼるトルコ人マムルーク(マムルーク、あるいはグラーム)を購入し、カリフの親衛隊を組織した。しかしこれらのマムルークはバグダード市中で乱暴狼藉を働き、またホラーサーン軍やアブナー軍も新軍のマムルークには強い拒否反応を示したから、ムータスィムは仔飼いのマムルーク軍を率いてティグリス川東岸のサーマッラー(バグダードの北方一二五キロメートル)へと遷都しなければならなかった。しかもサーマッラー時代のトルコ人マムルークは急速に勢力を伸長させ、八六一年には、トルコ人マムルークの勢力削減をもくろむカリフ・ムタワッキル(在位八四七〜八六一)を殺害した。

以上のような諸原因によってカリフの権力はしだいに低下し、九三六年には、バスラとワースィトの総督を兼務していたイブン・ラーイクを大アミール(アミール・アルウマラー〈amīr al-umarā'〉)に任命し、軍事・財政の権限をすべて委ねることになった。カリフが第三者に統治権を委譲したのは、これが最初である。また全国のモスクの説教壇で、カリフの名前と並んでイブン・ラーイクの名前がフトバに読み込まれるようになったのも、イスラーム史上はじめてのことであった。フトバとは、金曜日正午に集団礼拝がおこなわれるとき、会衆に向かって語られる講話を意味し、その最後に時の支配者の名前をいれることが習慣となっていたのである。

九四六年初め、バグダードに入城したブワイフ家のアフマドは、カリフ・ムスタクフィー(在位九四四～九四六)から大アミールに任じられ、ムイッズ・アッダウラ(「王朝を強化する者」の意味)の称号を授与された。さらに金貨や銀貨に、カリフの名前と並んでムイッズ・アッダウラの名前を刻み込む権利も与えられた。ただ、ブワイフ家は穏健なシーア派であるザイド派に属していたから、軍事力をもつシーア派のブワイフ家君主がスンナ派のカリフを保護するという変則的な関係が成立した。それでもカリフは、その保護の見返りに、ブワイフ家の大アミールにたいして、イスラーム法(シャリーア)による統治権を譲渡したのである。

十一世紀になると、トルコ族を率いたセルジューク家のトゥグリル・ベクが西進を開始し、一〇三八年には、ニーシャープールに入城してセルジューク朝(一〇三八～一一九四年)の建国を宣言した。このときトゥグリル・ベクは、貴顕の人々を前にして、自ら「偉大なるスルタン(al-sulṭān al-mu'aẓẓam)」と称したと伝えられる。セルジューク朝はスンナ派を受容していたから、バグダードのウラマー(知識人)のあいだには、彼らのバグダード入城によってシーア派政権が崩壊すれば、カリフの権威は復活し、ふたたびカリフによる統治が実現するであろうとの期待が高まった。このような期待をこめて執筆されたのがマーワルディー(九七四〜一〇五八)の『統治の諸規則』である。

しかし現実はウラマーの期待どおりにはならなかった。一〇五五年、バグダードに入城したトゥグリル・ベクは、カリフ・カーイム(在位一〇三一〜七五)に帰順の意を表明し、これに応えてカリフはスルタン・トゥグリル・ベクの権威を承認したうえで、バグダードの全モスクで彼のために金曜日のフトバ(講話)がおこなわれるよう命令した。トゥグリル・ベクはすでにニーシャープールでスルタンと称していたが、カリフの承認をえてはじめてスルタンの権威が公に認められたことになる。いわゆるスルタン制の成立である。

セルジューク朝のスルタンは軍事力を掌握し、カリフをその保護下において独自な行動を許さなかった。カリフ・ナースィル(在位一一八〇〜一二二五)だけは、手持ちの軍隊を復活し、アイユーブ朝のスルタン・サラディン(在位一一六九〜九三)と提携して勢力拡大をはかったが、カリフの復権を達成することはできなかった。一二五八年、バグダードはフラグ配下のモンゴル軍のまえに陥落し、最後のカリフ・ムスタースィムの殺害によって、アッバース朝のカリフ体制には終止符が打たれた。

エジプトのスルタンとカリフ

セルジューク朝以来、スルタンはスンナ派国家の君主の称号として広く用いられるようになった。シーア派のファーティマ朝(九〇九〜一一七一年)にかえてスンナ派のアイユーブ朝(一一六九〜一二五〇年)を樹立したサラーフ・アッディーン(サラディン)は、公文書などではスルタンを名乗らなかったが、エジプトで発行された貨幣にはスルタンの称号が刻まれ、側近たちも日ごろからサラーフ・アッディーンを「スルタン」と呼び慣わしていた。

一二四九年、バフリー・マムルーク〈ナイル川〈海、バフル〉のローダ島に兵舎がおかれたので「海のマムルーク」と呼ばれた〉軍団は、エジプトに侵攻した十字軍をマンスーラの戦いで撃破し、聖王ルイ九世を捕虜とする戦果をあげた。このとき、バフリー・マムルーク軍を創設したスルタン・サーリフ〈在位一二四〇〜四九〉はすでに病没していたが、翌年五月、マムルークたちはアイユーブ朝最後のスルタンを殺害し、サーリフの妻、シャジャル・アッドゥッルをスルタンに推戴した。これがマムルーク朝〈一二五〇〜一五一七年〉の始まりである。シャジャル・アッドゥッルは、出自はアルメニア人奴隷ともトルコ人奴隷ともいわれるが、政治的才能にも長け、ルイ九世の釈放をめぐってねばり強い外交政策を展開した。しかし女性スルタンの登場は、イスラーム世界にさまざまな波紋を引き起こした。内外の情勢を察知したシャジャル・アッドゥッルは、バフリー・マムルーク出身の将軍アイバクと結婚し、三カ月たらずでスルタン位を夫に譲り渡した。

一二六〇年、先鋒隊を率いてフラグ配下のモンゴル軍を撃破したバイバルスは、凱旋の帰途、スルタン・クトズを殺害して自らマムルーク朝の第五代スルタン〈在位一二六〇〜七七〉に就任した。しかし街の飾りつけをしてクトズを待っていたカイロ市民は、スルタンとして城塞にはいるバイバルスを醒めた目でながめていた。カイロ市民ばかりでなく、エジプト・シリアのムスリムの支持をうるためにはどうしたらいいのか。バイバルスは、政権維持のために、就任当初から重い課題を背負い込むことになった。

しかし問題解決のきっかけは、思いがけないところからやってきた。一二六一年五月、アッバース朝最後のカリフの叔父と称する人物がダマスクスに到着したとの報がバイバルスのもとに届けられた。バイバルスはさっそくこの人物をカイロに招き、城塞に貴顕の人々を集めて素性を確かめたうえ、カリフ・ムスタンスィル(在位一二六一〜六二)として擁立した。カリフの擁立から数週間後、バイバルスは新カリフをともなってカイロ市中の広場へ赴き、そこでアッバース家を象徴する黒色のターバンと紫色のローブをカリフから授けられた。これによってバイバルスは、エジプト・シリアのスルタンであるばかりでなく、イスラーム世界全体のスルタンになることができた。アッバース朝カリフの擁立は、イスラーム世界の諸君主からも好意的にむかえられたから、バイバルスの政策はマムルーク政権の正当化にも少なからぬ効果があったとみてよいであろう。

これ以後、エジプトのアッバース朝カリフは、オスマン朝によるエジプト征服(一五一七年)まで、二四〇年余りにわたって続いていくことになる。しかし歴代のカリフには、軍事力はもちろんのこと、政治的な発言力もなく、ただスルタン政治を正当化するためにだけ利用された。一四一二年、カリフ・ムスタイーン(在位一四〇六〜一四一四)は一時的にスルタン位に就いたが、これも有力アミールによる権力争いの道具として使われただけであった。

一五一七年、エジプトを征服したセリム一世(在位一五一二〜二〇)は、アッバース朝最後のカリフ・ムタワッキルをイスタンブルに連行した。数年後、ムタワッキルはカイロに帰還するが、かつてはエジプト征服時に、セリム一世はアッバース家からカリフ位を譲渡され、これをもってスルタン・カリフ制

図5　カイロ市街　旧市街北側のフトゥーフ門とファーティマ朝のカリフ・ハーキムのモスク(十一世紀初め)

が成立したと説かれてきた。しかし現在では、カリフ位が譲渡されたとする歴史的事実はなく、スルタン・カリフ制はキュチュク・カイナルジャ条約(一七七四年)の締結以後、オスマン朝スルタンの威信を誇示するためにつくられた新しい制度であったとみなされている。いずれにせよ、ケマルによる政権掌握後の一九二二年にスルタン制は廃止され、トルコ共和国の成立(一九二三年)にともなって、翌年カリフ制も廃止された。

参考文献

佐藤次高『マムルーク』東京大学出版会　一九九一年
佐藤次高『イスラームの「英雄」サラディン』講談社　一九九六年
佐藤次高編『西アジア史Ⅰ　アラブ』(新版世界各国史8)山川出版社　二〇〇二年
佐藤次高・鈴木董編『都市の文明イスラーム』(イスラームの世界史①)(講談社現代新書)講談社　一九九三年
嶋田襄平『イスラムの国家と社会』岩波書店　一九七七年
永田雄三編『西アジア史Ⅱ　イラン・トルコ』(新版世界各国史9)山川出版社　二〇〇二年
ヒッティ、岩永博訳『アラブの歴史』上・下(講談社学術文庫)講談社　一九八二～八三年
森本公誠『初期イスラム時代エジプト税制史の研究』岩波書店　一九七五年
家島彦一『イスラム世界の成立と国際商業』岩波書店　一九九一年

第七章　加藤　博

タージルとウラマー

都市に生きる人々

タージルとウラマー

アラビア語で、タージル（複数形はトッジャール）は商人、それも、両替業、金融業、輸出入業をも営むような大商人を意味する。卸売りに従事する大商人たちであり、小売り商人は含まれない。また、ウラマーはアーリムの複数形で、法学を中心に、イスラーム諸学をおさめた知識人を意味する。

イスラーム都市の繁栄の多くは、タージルによる商業活動、とりわけ国際交易からの収入をその基盤としていた。そして、契約文書の作成などの実践的な知識を与え、彼らの活動を支えるとともに、彼らが暴走しないように倫理的なたがをはめたのはウラマーであった。こうして、イスラーム都市には、タージルとウラマーを主人公にした、威圧的でない、かろやかな雰囲気をもつ商人文化が花開いた。

イスラーム文明は都市を基盤とした文明であり、その枠は都市生活に凝縮されていた。そのため、都市生活での彼らの役割・機能をみることによって、イスラーム文明の特徴に迫ることができる。そして、それは、イスラーム文明に独特な色合いをもたらす、経済と宗教の結びつきを明らかにすることでもある。

イスラーム世界における経済の繁栄

北メソポタミアにおいて、ムギ栽培と家畜の飼育を組み合わせた農耕生活が始められた。やがて、この地の人々は、人口の増加とともに、より多くの人々を養える土地を求めて南メソポタミアのティグリス・ユーフラテス河畔に移動し、そこで人工灌漑に基づく、世界最古の都市文明をつくりだした。紀元前三五〇〇年ころのことである。以後、都市文明の伝統は、連綿と中東で受け継がれていく。

都市は灌漑で潤う農村の中心であるとともに、交易と交流を介して、中東をほかの世界へと結びつける拠点でもあった。アジア、ヨーロッパ、アフリカの三大陸にまたがる中東は古来、商業の盛んな地であったが、イスラーム世界の成立は、この地で商業が一層繁栄する機会となった。「イスラームの平和」(パックス・イスラミカ)によって、治安が確保され、市場の拡大がみられたからである。

中東イスラーム世界の経済的発展は、この世界が構成した経済圏の繁栄によることはもちろんである。しかし、それ以上に、その繁栄は、この世界がその地理的位置から、ヨーロッパ経済圏、アフリカ経済圏、イラン・中央アジア経済圏、スラヴ経済圏など、周辺に存在していた複数の経済圏と結びついたことからもたらされた。前近代の国際交易システムにおいて、いくつもの交易圏が中東イスラーム世界を

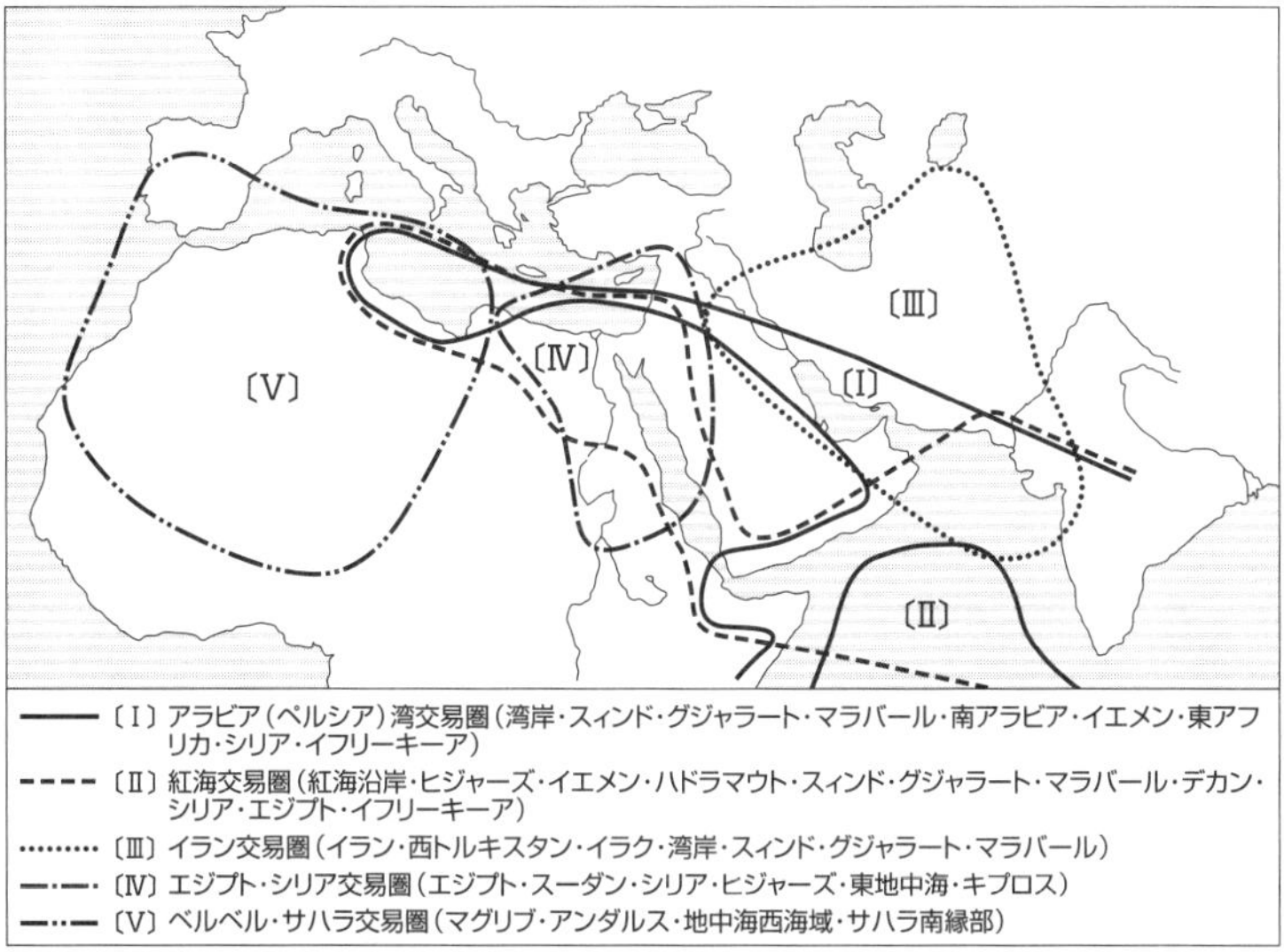

図1　イスラーム世界の交易図　多くの交易圏がイスラーム世界の上で重なっていた。

結節点として重層的に結びついていたのである。

そのため、中東イスラーム世界で取引される商品、そこを行き来する人の移動にみられる高い流動性と国際性には顕著なものがあった。また、イスラーム世界ではこれら交易圏を成立させていた主要交易路が、同時にメッカ、メディナへの巡礼路でもあったということは重要であった。というのも、そのために、政治権力は経済的のみならず、宗教的な意味からも交易路の治安に意を用いなければならなかったからである。

かくて、中東イスラーム世界は、人と物の交流にみられる高い流動性と国際性を特徴とした。このことを換言するならば、当時の中東イスラーム世界は高度な情報社会であったということである。近代以前にあって、最新の技術と情報の多くは、人の移動とともにもたらされた。この点、中東イスラーム世界は、技術と情報の収集活動において最先進地域であった。新しい技術と情報の取得が経済の生産性を飛躍的に向上させる要因であることは、今も昔も変わらない。

イブン・ハルドゥーンの都市観

この中東イスラーム世界における都市を結節点とした情報社会の性格について、十四世紀の後半に生きた思想家、イブン・ハルドゥーンは『歴史序説』のなかでつぎのように述べている。

田舎や砂漠の文明は都会の文明に劣る。それは文明になくてはならないものが、田舎や砂漠の住民のあいだではかならずしもなんでも揃っているというわけにはいかないからである。なるほど彼らはその土地で農業を営むことができるが、それに必要な材料、とくに技術に関するものを持っていない。……また田舎や砂漠の住民には、金貨や銀貨など貨幣がない。彼らは農産物とか家畜とか、あるいは牛乳や羊毛・駱毛・獣皮などの畜産物のような都市の住民が欲しがるものを代償として差し出し、これにたいし都市の住民は金銀の貨幣を支払う。しかも彼らは生活の必需品のうえで、都市の住民〔との交易〕を必要とするのであるが、都市の住民はただ便益品とか奢侈《しゃし》品とかの点で彼らを必要とするにすぎない。こうして彼らはその生活形態上、本質的に都市に依存しなければならないわけで、これは彼らが田舎や砂漠に住む限り変らない。〔森本訳 第一巻 1979:296〕

つまり、イブン・ハルドゥーンにとって、都市とは、技術と貨幣、つまりは情報が蓄積されるところなのである。都市の活力は、その都市が、どれほど周辺の空間にたいしてマネー・センター、情報センターとして機能するかによってはかられる。

そして、情報センターとしての都市を支えるのは、諸々の技術・文化装置である。実際、イブン・ハルドゥーンの経済論にあっては、われわれのいう製造業にたいして技術という言葉があてられ、さらに、つぎの文章にみられるように、学問、教育もひとつの技術として、技術論に包摂されて論じられている。

学問の教育は技術の一つであり、また技術はとりわけ都市に数多く存在する。技術の質と量とは、都市における人口の多寡と都会文明や奢侈の度合と相関関係がある。というのは、技術は単に生計の手段以上の要素を持つものだからである。文明人が生計に必要とする以上の労働力を有する場合、このような〔余剰〕労働力は生計を超えたそれ以外の事柄に使われる。これが人間に特有なもの、す

なわち学問と技術を生むのである。〔同 第二巻 1980: 883–884〕

こうした都市のありようを、イブン・ハルドゥーンは、「住民の富裕、市場の活況という点での都市の優劣は、その都市の文明の程度に相当する」と述べ、所得の源泉である労働に言及するなかで、「都市はすべて労働力のための一種の市場（スーク）の役目を果たす」と喝破している。

都市を支える二つの制度――法と貨幣

法と貨幣は、こうした都市文化を支える装置のうちで、もっとも重要なものである。都市の繁栄は物とサービスの取引、つまりは商業に基づくが、商業を争いごとなく、効率的におこなうためには、複雑な契約、信用、委託行為を可能にさせる規範と媒体が必要だからである。

まず法についてみていこう。イスラーム世界というと、イスラーム法がすべての生活領域を覆っているかのように思われがちである。しかし、それは間違いである。そもそも、イスラーム世界には、ムスリムだけが住んでいるのではない。少なからぬ非ムスリムがムスリムとともに暮らしていたし、いまも暮らしている。

たしかに、イスラーム法は、信徒の内面生活のみならず、政治や経済など外面生活をも律する、包括的な規範群である。しかし、それは一枚岩的なものではなく、そこには多くのセクトや法学派があり、彼らのあいだでの法解釈の違いは大きい。また、イスラーム世界で適応された法は、シャリーア、つまりイスラーム法だけではなく、神を立法者とするシャリーアとならんで、国家を立法者とするカーヌー

図2　アブド・アルマリクの金貨（左）アラビア語の文章だけが刻印されている。右はアブド・アルマリク発行の過渡期貨幣。ビザンツ皇帝の肖像は刻印されているが、十字架は取り除かれている。

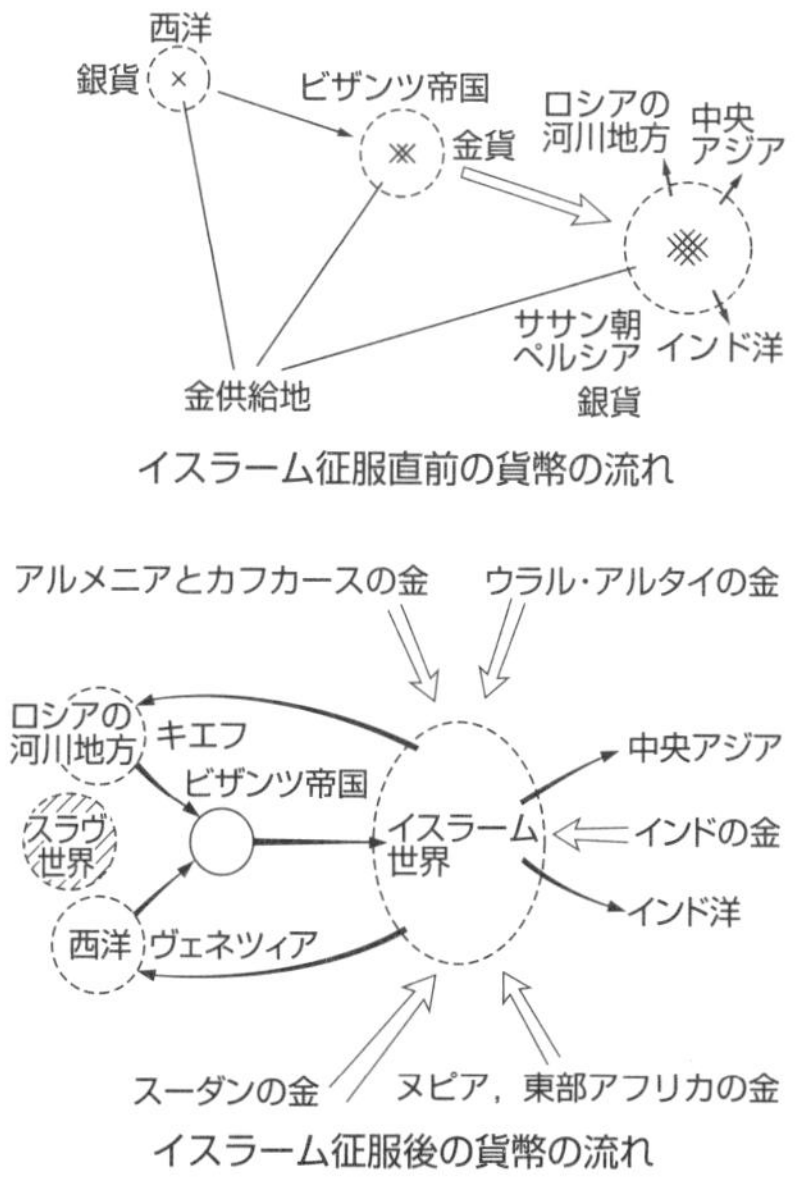

図3　イスラーム世界を中心とした貴金属貨幣の流通圏

出典（図2）：Jonathan Williams (ed.), *Money: A History,* London: British Museum Press, 1997.

ン(行政法)、地域社会での慣行を示すウルフ(慣習法)も社会生活を律していた。

シャリーア、カーヌーン、ウルフはそれぞれに関係をもたない独立した法体系ではない。カーヌーンとウルフは聖法としてのシャリーアの理念と関係づけられ、シャリーアを補う法規範と位置づけられていた。しかし、現実には、この三つの法規範は、それぞれ異なった法領域をもっていた。商取引の場合は、その実務的な決りごとはもっぱらウルフによって律せられていた。そのため、イスラーム法体系にみられる商取引関係の規範群には、当時における現実の商業取引慣行が反映されている。

その中心は、パートナーがもちよった資本によって社会資本が形成され、パートナー間において利潤とリスクが配分される企業形態であるパートナーシップ(シャリカ)契約と、投資家の提供する資本と代理人の提供する労働とから成立する企業形態であるコンメンダ(キラード、ムダーラバ)契約であった。こうして、イスラーム世界の商人たちは、これらの企業契約と雇用(イジャーラ)契約を組み合わせることによって、多様な資本と労働との組合せに基づく経済活動をおこなった。

ついで貨幣について述べるならば、イスラーム貨幣制度は、ウマイヤ朝第五代カリフ、アブド・アルマリク(在位六八五~七〇五)の貨幣改革に始まる。そのとき、アラビア文字の刻銘のみをもつ金貨、銀貨、銅貨が発行された。

それ以前にも、ウマイヤ朝はイスラーム貨幣を発行したことがあった。しかし、偶像崇拝を否定する立場から、皇帝の肖像など具象的な意匠をなくし、アラビア文字の文章だけを刻んだ貨幣は、市場に受け入れられなかった。市場がイスラーム政治当局の信用創造能力を信じなかったからである。したがって、アラビア文字だけの貨幣が流通するようになったことは、市場がイスラーム政治当局の信用創造能力を認めたことを意味した。

金銀銅の三つの鋳貨のうち、法貨は金貨と銀貨の貴金属貨幣であり、この二つは国家の強い統制下におかれるとともに、金属価値に応じた交換比率が設定された。これにたいして、銅貨は小口取引での支払い手段のために発行された補助貨幣であった。

つまり、イスラーム貨幣制度は、当時にあっては珍しい、金銀複本位制であった。こうして、交換比率を設定された金銀貨の発行は、期せずして、それまでの地中海周辺の金本位経済圏とイラク・イラン以東の銀本位経済圏を結びつけることになった。このことは、「イスラームの平和」のもとで、貴金属貨幣の流通に裏づけられた、広域の経済圏が形成されたことを意味した。

イスラームの商業的性格

ヒンドゥー教、キリスト教、儒教など世界の大宗教は、商業でもって利得をうることに懐疑的である。これにたいして、イスラームは商業と商人にたいして驚くほど好意的である。たとえばイスラームの聖典であるコーランには、つぎのような文言がみられる。

コーランを読誦し、礼拝の務めをよく守り、神から授かった財産を惜しみなく使う人々は、絶対はずれっこない商売を狙っているようなもの。〔井筒訳　第三五章第二六節〕

神の御導きを売りとばして迷妄を買い込んだ人々、だが、彼らもこの商売では損をした。目算どお

りにいかなかった。［井筒訳　第二章第一五節］

そこでは、イスラームの教えを守るべきことが、商業用語でもって命じられている。そもそも、一神教的世界観にあって決定的意味をもつ最後の審判において、神の手元にある帳簿に基づく決算の結果、善行が黒字になった者は天国にいき、逆に赤字になった者は地獄の火に焼かれるとされているのである。

こうしたイスラームという宗教の商業と商人にたいする好意的な態度は、コーランとならんでムスリムの生活と行動を律する規範群であるスンナ（預言者の言行）において、さらにはっきりとしたものになる。そこには、「誠実で信用のおける商人は（最後の審判の日に）、預言者、義人、殉教者たちとともにあるだろう」とか「信用のおける商人は、最後の審判の日に、神の玉座の影に座るだろう」［森本　1982　から引用］などの、商人を熱狂的に称賛する文言さえみいだされる。

商業が飛躍的な発展をとげ、商人の活動が世界的規模にまで拡大することになったアッバース朝時代には、商人の利潤追求を弁護し、さらにはそれをおおっぴらに賛美する思想家があらわれることになった。たとえば、八世紀のシャイバーニーは『所得の書』を著わし、そのなかで商人の活動を宗教的に正当化した。また、九世紀のジャーヒズは『商業にかんする観察』『商人賛美と官吏非難』という二つの書物を著わし、そのなかで支配者に従属する官吏とは対照的な自由な商人を手放しで礼賛した。

さらに、十一世紀のディマシュキーは、世界最古の商業書『商業の功徳――商品の良否と欺瞞《ぎまん》者の虚偽に関する知識への手引書』を著わし、そのなかで、商人の経済活動を容認するのみならず、彼らの利潤の源泉を詳細に分析し、商人をつぎの三つの類型に整理した。

第一は、貯蔵する者(ハッザーン)、つまり倉庫業者であり、市場価格の時間的な変動を利用して、その差益を投機的に追求する。第二は、旅をする者(ラッカード)、つまり運送業者であり、市場価格の地域的な差を利用して、主に遠距離貿易に従事する。そして第三は、輸出入をする者(ムジャッヒズ)、つまり交易業者であり、各地に代理店をおき、広範な運送・信用ネットワークを使って大規模な海外貿易をおこなう。

じつにみごとな分析であるが、そこにみられる商人と商業への態度は、イスラームという宗教の経済にたいする肯定的な見方の反映である。たしかに、イスラーム法に、市場での公正価格の設定など、一見すると経済活動に制限を加えるかのような議論がないわけではない。しかし、それはキリスト教世界でのように、道徳と経済の対立だとかの神学上の問題として論じられているのではなく、公正な取引のための倫理的な枠組みを設定する法手続き上の問題として論じられている。

イスラームは、経済を保護するイデオロギーを提供することはあれ、けっして経済に敵対的ではない。より正確に述べれば、イスラームは経済に中立的である。また、イスラームは、政治と経済との関係において、政治の経済への過度な介入をいさめている。つまり、イスラーム経済システムは、驚くほど自由主義的であったのである。政治権力者もまた、歴代の王朝がその財源の大きな部分を国際交易からえていた以上、商業に無関心ではいられなかった。彼らは、自ら国際貿易に従事することもあったが、その多くは商業を保護し、そこからの税収入を期待した。

ヒスバとムフタシブ

商業の中心であるイスラーム都市には、商人の倫理を反映した文化が花開いた。この商人文化を守ることにおいて、ウラマーがはたした役割は重要であった。公的には、彼らは法の解釈者であり、裁判での証言者、文書作成者であった。と同時に、民間にあって、法律の手引書(シュルート)を参照しつつ契約文書を作成した。こうして、彼らは、イスラーム法の専門家であるのみならず、高踏的なイスラーム法を日常化し、社会のなかでイスラーム法と民衆とを結びつける役割をも担った。つまり、彼らは、商人文化を支えていた都市民の法意識の担い手であった。

ウラマーは、世俗権力である国家にたいしてその統治権を弁護し、支えるという公人の役割を担う一方、信徒共同体(ウンマ)の理念の体現者として、世俗権力から一線を画し、政府の政策を監視して、住民の利益を守る立場にもあった。また、市場監督官(ムフタシブ)として、貨幣交換比率や主要農作物である小麦の相場変動を監視し、公正で秩序ある市場運営に責任を負ったのも、彼らであった。

市場監督官制度は、イスラーム世界における社会倫理と市場秩序の結びつきをよく示している。ムフタシブという語は、ヒスバという言葉からきている。ヒスバとは、広義には、すべてのムスリムに義務として課せられる「善を勧め、悪を禁じること」を意味したが、狭義には、ムフタシブの職務を意味した。

ムフタシブは市場監督官と訳されていることからもわかるように、その主たる任務は、度量衡の検査、製品の質や価格についての監視、取引における不正行為にたいする監視など、市場秩序にかかわるもの

図4　スーク(市場)での奴隷売買の風景　ハリーリー『マカーマート』(1239年)の挿絵。

出典：Jonathan Willams(ed.), *Money: A History*, London: British Museum Press, 1997.

であった。しかし、彼らは市場に限らず、さまざまな公共秩序を維持することをも任務としていた。イブン・タイミーヤ(一二六三〜一三二八)は、『イスラームにおけるヒスバ』のなかで、ヒスバを「公正(アドル)」な統治の一環として位置づけたうえで、ムフタシブの必要性についてつぎのように述べている。

人はその本性上社会的なものであって、その幸福(マスラハ)達成のためには社会を形成し助け合わなければならない。社会集団を形成して、互いの福利を追求し、悪を排除しなければならない。そのためには、良いことを命じ、悪を禁じる指導者が必要である。〔湯川 1987–88から引用〕

この文章における鍵概念はマスラハである。通常、「社会福祉」「公共福祉」と訳される。マスラハという概念は、「公正」という概念と同じく、神の意図を体現しつつも一般住民の日常生活に根づく社会慣行をも反映した、いわば社会のコモンセンスであった。そのため、「社会福祉」の実現をめざすムフタシブに任命される人物の資質・資格として、徳があり、イスラーム法の知識をもっているほか、ウルフ、つまり慣行に精通していることがあげられた。

経済システムとしてのワクフ制度

イスラーム世界には、宗教と経済とのあいだの独特な関係を背景とする経済システムがあった。そして、その端的な具体例をワクフ(寄進)制度の運用のなかにみることができる。

ワクフとは、ムスリムに課された宗教的義務のひとつである喜捨(ザカート)に基づく寄進行為である。その法的定義は、「財産から生じる利益を直ちにまたは将来において慈善のために永久に充てることを目的として、その財産の所有権の行使を停止する」〔愛宕 1990:270〕ことである。ワクフというアラビア語は、もともと「停止すること」「凍結すること」を意味する。

つまり、ワクフは、寄進者が寄進する財産の処分を永久に禁止し、それを自らが指定する管理人に委ね、そこから上がる収益を慈善目的のために与えるべきことを取り決めた契約である。ワクフ設定ならびにワクフ運営にかかわるすべての事項は、契約時における、寄進者の意思を反映した取決めに従い、この取決め事項は、法と同様の効力を有した。

イスラーム以外の宗教でも、寄進はよくみられる行為である。しかし、ワクフがほかの宗教の寄進と決定的に違うのは、ほかの宗教での寄進では、寄進される信徒の財産は放棄され、差し出された宗教組織がその財産を管理するのにたいして、ワクフの場合には、寄進する者の意向が、設定する際に作成される寄進文書(ワクフ文書)のなかに契約事項として書き込まれることである。

寄進というと、われわれは無償の行為を想定する。しかし、ワクフはあくまでも契約行為であって、特定の目的のために、個人財産の所有権は放棄されるけれども、その管理方法や利用の仕方など、設定者のワクフ管理の権限は最後まで文書での契約事項として残される。

ワクフは二つの要素からなる。ひとつはワクフ物件であり、その所有権が凍結され、そこからの収益が慈善目的にあてられる物件である。それは、通常、土地や建物など、収益を生むことができ、永続的な使用が期待できる不動産からなる。ほかのひとつはワクフ施設であり、ワクフ物件からの収益がその建設・維持・運営のためにあてられる慈善的・公共的な施設である。たとえば、モスク(イスラーム礼拝所)、マドラサ(高等教育機関)、サビール(共同給水泉)、病院、墓地などである。

一般にワクフというとき、それは前者のワクフ物件をさす。通常、この不動産は賃貸借にだされて、その賃貸料が特定の慈善公共目的にあてられる。こうした寄進物件の管理運営は、ほかの宗教では、寄進された宗教組織がおこなうのにたいして、ワクフの場合、先に述べたように、寄進する本人が責任をもつわけである。

つまり、これを端的にいってしまえば、ワクフ設定とは、不動産を担保とした信託行為ということになる。寄進という宗教的な行為が、賃貸借を介して、不動産市場とリンクしたかたちで、経済と深く結びついて展開しているのである。

換言するならば、ワクフという制度を支えていたのは法と貨幣の二つの文化装置であった。貨幣経済の浸透なしには賃貸借の普及は不可能であるし、所有権と用益権のさまざまな結びつきによる契約は、財産法という法体系の存在抜きには考えられないからである。そこにみられるのは、目的に応じた不動産の所有権と用益権のまことに合理的な使い分けであり、経済活動における経済性と公共性の高度な融合である。

都市の空間編成にみる宗教と経済

ワクフ制度を介する宗教と経済の融合は、イスラーム都市の空間編成として、目に見えるかたちでも確認できる。つまり、イスラーム都市、とりわけ権力のお膝元である大都市は、その中心にモスクなど

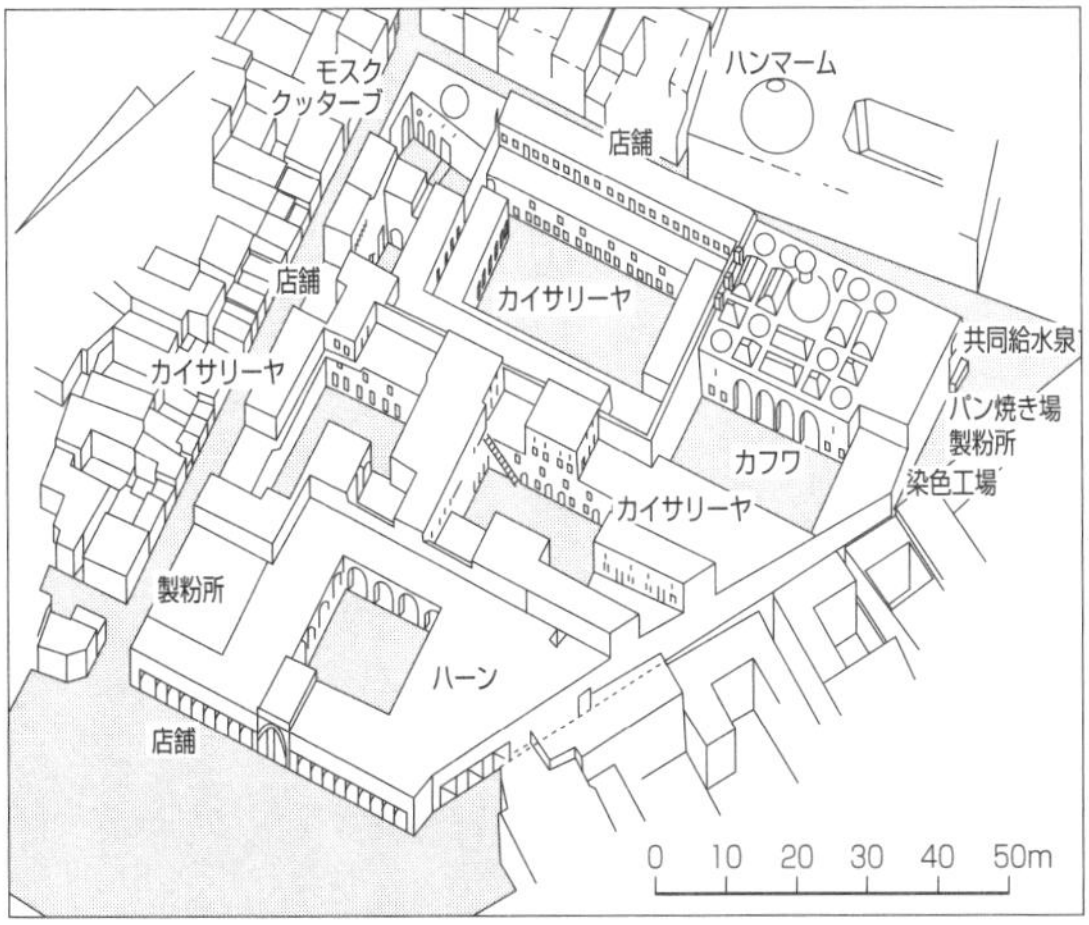

図5 イプシール・パシャのワクフ複合体（シリア・アレッポ）

図6　シリア・アレッポの「市」(マディーナ)付近

の宗教施設とともに、「市《いち》」からなる商業施設をかかえているが、この宗教＝商業複合体とでもいいうる施設の多くは、ワクフ設定によって建設され、整備・運営されていたのである。

イスラーム都市の中心には大きなモスクがあり、それに付属するかたちでマドラサなどの宗教・慈善施設が配されている。それらは孤立した宗教空間を構成しているのではなく、その周辺に、というよりはそれらと渾然《こんぜん》一体となって、商業施設が展開している。

都市の中心にある商業空間は、マディーナと呼ばれた。マディーナとは、「都市」の意味である。このように、本来は都市全体の呼称であるマディーナが「市」空間をも意味していたということに、いかにイスラーム都市において商業空間が重要であったかが示されている。

商業空間の大部分を占めるのはスーク(市場)であり、多くの商館あるいは隊商宿——イスラーム世界の各地で、ハーン、カイサリーヤ、フンドゥク、キャラバンサライ、ワカーラなど、さまざまな名称で呼ばれた——と小さな店舗から構成されている。商館は、小部屋がぐるりと中庭を囲む二階建ての方形の建物で、一階は商品倉庫、ときには厩舎《きゅうしゃ》として使われ、二階は旅行者や移動商人のための宿にあてられた。

また、ここは人の集まる空間のため、こうした商業施設のあいだには、共同浴場(ハンマーム)、コーヒー店(カフワ)、共同給水泉などの公共施設が存在した。シリアのアレッポのような都市では、中世においてすでに公衆便所があったという。また、多くの都市において、現在にいたるまで、共同浴場は市民の生活のなかで機能しつづけている。

スークは、商館のあいだに迷路のごとく縦横にはしる路地に展開していた。路地の両側には、せいぜい数平方メートルの広さしかもたず、商品をおき、店主が座ればそれだけでいっぱいになる小さな店舗がぎっしりとならんでいた。そこでは、香辛料、金銀細工品、絹・綿織物、布地、絨毯、石鹼など、遠隔地交易による商品や、地場で生産されるさまざまな手工業製品が売られていた。

都市の商業施設のほとんどはワクフとして設定され、賃貸借にだされていた。そして、その賃貸料が隣合せにある、ときの有力者によって建設されたモスクなどの宗教施設や共同給水泉などの公共施設の維持・管理にあてられていたのである。かくて、イスラーム都市の中心は、ワクフ制度のもとで、宗教＝商業複合体から形成されることになる。

ワクフ制度は、寄進物件を貸し出すことによってえられる収益を公共目的に供する制度であり、宗教・公共施設を建設・維持するための恒久的な財源として機能したのである。イスラーム都市のほとんどすべての公共慈善的な社会資本は、このワクフ制度によって整備された。ところが、近代になって、国民国家が成立し、事態は変化する。近代国家は、自らを租税国家であり福祉国家であると主張することによって、国民から税を徴収し、それを社会福祉にあてるようになる。その過程で、ワクフ制度は国家の監督下におかれ、その社会的機能は国家によって引き継がれていくことになる。歴史は、商人とウラマーの時代から、企業家と官僚の時代へと変化したのである。

参考文献

ジャネット・L・アブー゠ルゴド、佐藤次高ほか訳『ヨーロッパ覇権以前――もうひとつの世界システム』上・下　岩波書店　二〇〇一年

アル゠マーワルディー、湯川武訳「統治の諸規則」Ⅰ―Ⅳ（『イスラム世界』一九、二二、二七・二八、三一・三二　一九八一～八九年）

板垣雄三ほか編『事典　イスラームの都市性』亜紀書房　一九九二年

イブン゠ハルドゥーン、森本公誠訳『歴史序説』全三巻　岩波書店　一九七九～八七年

愛宕あもり「ワクフ(宗教寄進財)1　法制的規定」『事典　イスラームの都市性』亜紀書房　一九九二年

風巻義孝『商品学の誕生――ディマシュキーからベックマンまで』東洋経済新報社　一九七六年

加藤博『文明としてのイスラム――多元的社会叙述の試み』東京大学出版会　一九九五年

H・ガーバー、黒田壽郎訳『イスラームの国家・社会・法――法の歴史人類学』藤原書店　一九九六年

井筒俊彦訳『コーラン』上・中・下（岩波文庫）岩波書店　一九五七～五八年

佐藤圭四郎『イスラーム商業史の研究』同朋舎　一九八一年

佐藤次高ほか編『都市の文明イスラーム』（新書イスラームの世界史①）（講談社現代新書）講談社　一九九三年

陣内秀信ほか編『イスラーム世界の都市空間』法政大学出版局　二〇〇二年

B・S・ハキーム、佐藤次高監訳『イスラーム都市――アラブのまちづくりの原理』第三書館　一九九〇年

三浦徹『イスラームの都市世界』（世界史リブレット16）山川出版社　一九九七年

森本公誠「商業倫理と商業テクニック」（川床睦夫編シンポジウム『東西交渉史におけるムスリム商業』中近東文化センター　一九八二年）

家島彦一『イスラム世界の成立と国際商業』岩波書店　一九九三年
湯川武「ヒスバとムフタシブ——中世イスラームにおける社会倫理と市場秩序の維持」(『国際大学中東研究所紀要』Ⅲ　一九八七・八八年)

第八章　加藤　博

ダウラ

国民国家の希望と挫折

ダウラ

アラビア語で、ダウラは、ウンマがイスラームの信徒共同体を意味するのにたいして、政治あるいは行政の単位を意味する。前近代では王朝、近代以降では国家と訳されることが多い。初期イスラーム時代においては、カリフを首長としたウンマは信徒共同体であるとともに政治共同体であるとのイスラームの理念は現実のものであった。

ところが、十世紀におけるアッバース朝の弱体化によって、地方各地にアッバース朝の権力に従わない政治勢力が台頭するにいたって、このイスラームの理念と現実との乖離《かいり》が進むことになる。この現実を前に、信徒共同体としてのウンマの理念に抵触しないかたちで、そしてウンマの下位単位として、地方各地の政治勢力をイスラームの理念に取り込む必要が生じた。

かくて、地方各地の政治勢力は政治あるいは行政をもっぱらとする単位とされ、ダウラの名で呼ばれるようになる。また、これと並んで、政治指導者の資質を論じるムルク論が展開することになる。ダウラが王朝と訳される所以である。そして、その延長線上に、このダウラは近代において、ヨーロッパから導入された政治単位である国民国家あるいは主権国家を意味する単語として使われることになった。

複合社会としてのイスラーム世界

われわれは、イスラーム世界という言葉を聞くと、そのすべての生活領域においてイスラームが支配的な世界をイメージしがちである。しかし、それはまったくの誤りである。そもそも、宗教が違うからといって、物質生活を中心とした日常生活に大きな違いがないことは、少し考えればわかることである。

現在、イスラーム世界というと、通常、一九六九年に結成されたイスラーム諸国会議機構に参加する国家群からなる世界を意味する。たしかに、この世界の七〇~八〇%の住民はムスリムであり、そこでの多くの国の憲法で、イスラームは国の宗教と指定されている。しかし、少数派とはいえ、そこには少なからぬ非ムスリムが住んでおり、それぞれの国家や社会で重要な役割を担っている。また、この世界を言語や民族を基準にしてみるならば、その多様性はさらに際立っている。つまり、イスラーム世界は価値観を異にするさまざまな社会集団が混住する複合社会なのである。そして、この社会の複合的な性格は、アイデンティティ複合というかたちで、住民の意識形態にも反映している。

ここでアイデンティティ複合とは、宗教、言語、民族などに基づく複数の帰属意識が複合的に深層心理として沈殿している意識構造を意味する。たとえば、アラビア語を話し、ナイルの岸辺で生まれ、イスラームを信じているエジプト人の場合、言語、生まれ故郷、宗教をそれぞれ基準としたアラブ人、エジプト人、ムスリムとしての自己認識が分かちがたくまじりあっている。

そして、こうした深層心理のなかに埋もれたいくつものアイデンティティは、状況に応じてそのあるものが意識の表層にあらわれることになる。というより、アイデンティティ複合をもつ住民は、状況に応じてこれらいくつものアイデンティティを使い分けるのである。そのなかで、国への帰属意識は、いくつもあるアイデンティティのうちのひとつにすぎない。

こうして、イスラーム世界の住民は複合的な帰属意識のなかで生活している。しかし、だからといって、これらの複数のアイデンティティがいつの時代、どの社会にあっても、同じ重さをもっていたわけではない。前近代におけるイスラーム世界の住民の場合、宗教を基準とした帰属意識がもっとも重要であった。つまり、ウンマへの帰属意識である。

イスラーム統治システムと近代ヨーロッパ統治システム

イスラーム世界の歴史をその政治思想、社会秩序理念の展開としてみるならば、それは、イスラームの基本理念の再確認と現実との妥協の歴史であるといいうる。イスラームがシンプルで合理的な理念を核とした強い求心力と、複雑な現実に対応しうる柔軟性をもっていたからである。それゆえ、十世紀にアッバース朝の弱体化によって、イスラームの理念と現実の乖離が進んだときも、ダウラの概念を導入

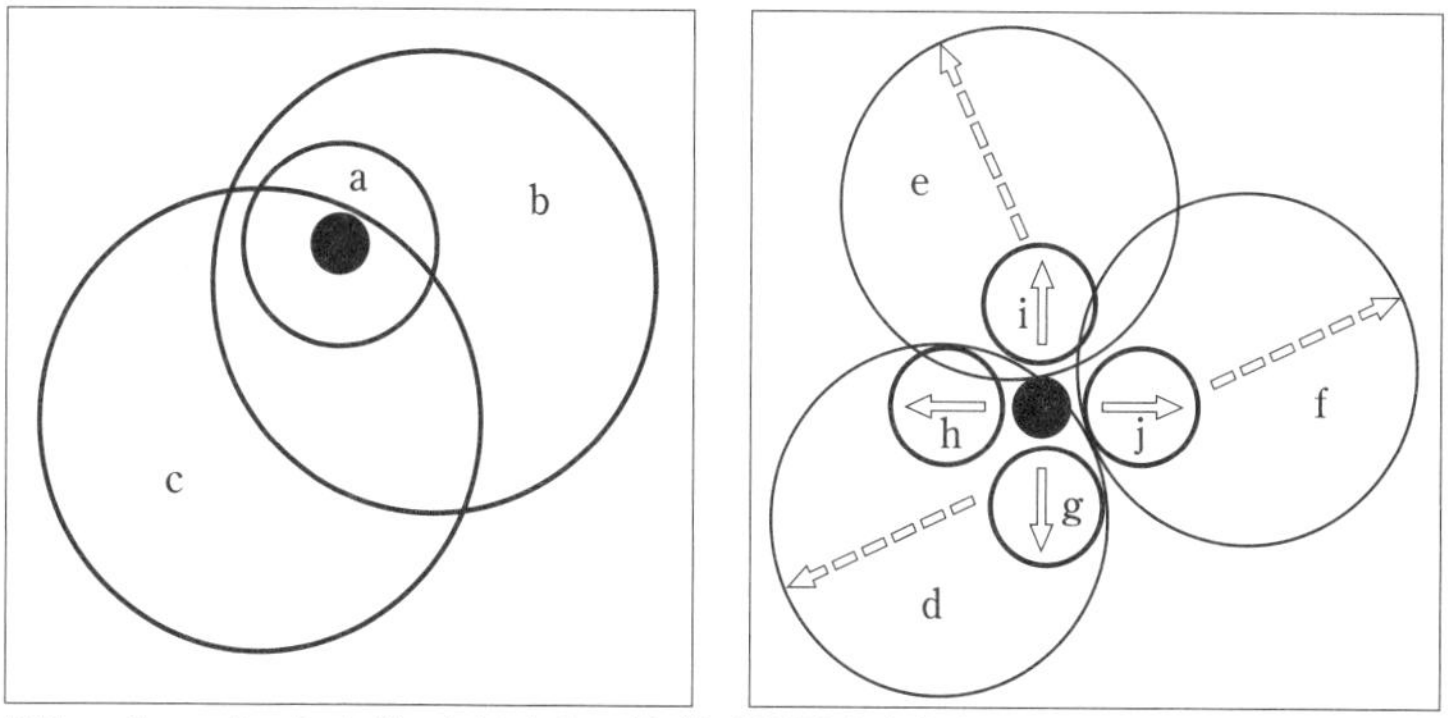

図1　ガマール・ヒムダーンによるエジプト(●印)を中心とした重層的な地域概念図　a：アラブ圏、b：イスラーム圏、c：アフリカ圏、d：アフリカ、e：ヨーロッパ、f：アジア、g：ナイル峡谷、h：西アラブ地域(マグリブ)、i：地中海、j：東アラブ地域(マシュリク)

し、それとウンマの概念とを妥協させ、ウンマに体現されたイスラームの理念を守ることができた。しかし、そのウンマの理念は、近代にいたって厳しい挑戦を受けることになる。近代ヨーロッパが生み出した政治単位である国民国家、つまりダウラとの出会いである。

現在の国際政治秩序の単位となっているのは、近代ヨーロッパが生み出した国民国家（ネイション・ステイツ）である。それは、少なくとも建前上は、言語の共有を核とした文化的な人間集団である民族（ネイション）は政治単位である国家（ステイツ）を形成する権利をもつとの考え方に基づいている。また、こうして形成された国家は、国境で囲われた領土のなかで排他的な支配権を行使する主権国家である。

つまり、国民国家はウンマとまったく構成原理を異にし、とりわけ、つぎの二点において、対極にある政治単位であった。第一は、ウンマがイスラームという宗教に基づいていたのにたいして、国民国家は宗教を否定し、世俗的な文化を基準に形成されたことである。第二は、ウンマが基本的には信徒の結びつきからなる共同体として、空間認識に乏しかったのにたいして、国民国家は、排他的な領土を前提とした領域国家だということである。

このまったく異なる構成原理がぶつかるならば、そこに大きな軋轢《あつれき》が生じるであろうことは、容易に想像がつく。そして、十九世紀のイスラーム世界において、このことが起きたのである。それも、ヨーロッパ列強がイスラーム世界を圧倒的な政治・軍事・経済力で圧倒し、植民地化していく過程のもとにおいてである。したがって、それはイスラーム世界にとって過酷な試練であった。

以下、この軋轢と妥協の過程を、イスラーム知識人の「近代」観の変遷のなかで概観してみたい。舞台はエジプトである。しかし、そこで指摘されることは、程度の差こそあれ、ほかのイスラーム世界にもあてはまるように思われる。

イスラーム知識人は「近代」をどうとらえたか

一七九八年、フランスの青年将校、ナポレオン・ボナパルトに率いられたフランス軍は、イギリスのインドへの道を遮断すべく、エジプトを占領した。ナポレオンの東方遠征である。この占領は一八〇一年まで続く。この事件をもって、エジプト、さらにはイスラーム世界の本格的な「近代」が開始された。イスラーム世界の知識人にとって、この事件は衝撃的なものであった。それは、イスラーム世界にとって、ただたんに政治・軍事的のみならず、文化・文明的な敗北をも意味したからである。それまでのイスラーム世界の歴史において、このような経験はなかった。ウラマーを中心としたイスラーム知識人の挫折感は深刻であった。つぎの文章は、エジプトの知識人、ジャバルティー(一七五三〜一八二五)の言葉である。

あなたは知ることになろう、彼らが唯物的な立場から神の全能を疑う者たちであり、来世と復活を非難し、預言者と使徒の存在を信じない者たちだということを。彼らは、前世の存在を、天界の影響を、周期的な運動をともなう宇宙の現象を、宗教共同体(ミッラ)の出現を、王朝の交代を、天体の合の必然的な性格を、そして対立するものの融合を語る。また、おそらくは、霊魂の輪廻や、そのほか幽霊とか、それに類した幻影とか、さまざまな迷信を信じている。そして、彼らは、そうすることが理性の裁きや欲望に従って魂が良しとすることに従うことになるのだと思い込んでいる。
〔ジャバルティー 1989：200–201，訳文を修正〕

ここで「彼ら」とは、ナポレオンのフランス軍の兵士たちである。この文章で、「彼ら」は「唯物的な立場から神の全能を疑う者たち」と表現されている。このことが端的に示すように、ジャバルティーのようなイスラーム知識人にとって、ナポレオンの東方遠征、つまり「近代」は、無神論者による信仰への挑戦ととらえられた。イスラーム知識人にとっての信仰とは、いうまでもなく、ユダヤ教、キリスト教のあと、最後の一神教として神からくだされたイスラームである。

つまり、イスラーム知識人は、ナポレオンの東方遠征によってもたらされた「近代」の到来を、「イスラームの危機」ととらえたのである。イスラームは、彼らのアイデンティティそのものであった。そのため、「イスラームの危機」とは、彼らのアイデンティティ・クライシスにほかならなかった。

さらに、彼らは、それが理性的にも常識的にも恥べきことであるにもかかわらず、平然と陰部を露出する。そこで、彼らがもよおしたときには、どこにいようと、たとえ衆人の環視のもとでさえ、そこで放尿する。そして、さもありなんと思われるが、水や砂で清めることなく立ち去る。そうでなければ、たとえそれが書き物の紙であっても、目にしたもので局所を拭く。また、彼らは、手近な女とすぐ寝る。彼らは、顎鬚《あごひげ》も口髭《くちひげ》もまったく剃らない。彼らのなかには、頬の鬚《ひげ》だけを残すものがいる。彼らは、頭部も恥毛も剃らない。食べ物と飲み物を混ぜ合わす。彼らは決してサンダルを脱がず、高価な絨毯の上で寝る。そして、彼らは、絨毯の上で鼻をかみ、唾を吐き、履物ではら

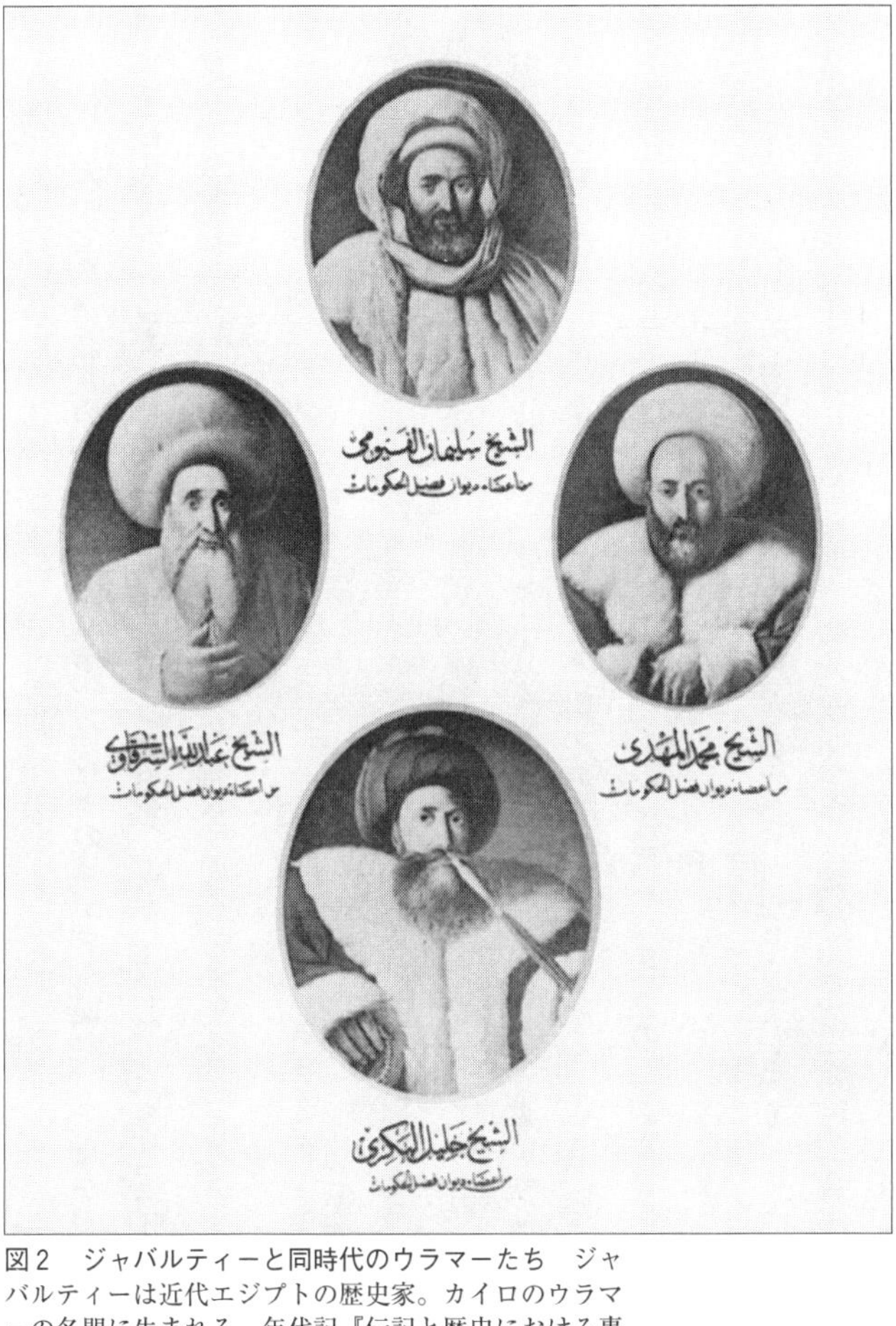

図2　ジャバルティーと同時代のウラマーたち　ジャバルティーは近代エジプトの歴史家。カイロのウラマーの名門に生まれる。年代記『伝記と歴史における事蹟の驚くべきこと』は、ナポレオンのエジプト遠征前後のエジプト史にかんする最大の史料。

いとる。［ジャバルティー 1989：201，訳文を修正］

これは、先の文章がおさめられている『ボナパルトのエジプト侵略』のなかで、ジャバルティーがフランス軍の兵士たちの素行を非難している文章である。こうなると、八当り気味である。それほどまでに、フランス軍はジャバルティーにとって、癪《しゃく》の種だったのであろう。

せめぎ合う「伝統」と「近代」

「近代」との邂逅《かいこう》によって受けたイスラーム知識人の「イスラームの危機意識」は強烈であった。しかし、悪態をついたからといって、時代の流れが変わるものではない。こうして、ヨーロッパからもたらされた「近代」とイスラームの「伝統」とをどう調和させるかという重い使命が、ジャバルティーの次世代の知識人たちに課されることになる。リファーア・タフターウィー（一八〇一〜七三）とアリー・ムバーラク（一八二三〜九三）は、かかる「伝統」と「近代」の相克のなかで思索を展開した知識人である。

タフターウィーはイスラーム政治思想史のうえで高い評価をえているが、それは、以下の文章にみられるように、イスラームの伝統的な概念に依拠しつつ、地縁的な概念であるワタン（祖国、郷土）を仲介項として、伝統的なイスラーム共同体理念であるウンマと近代ヨーロッパの国民・民族概念であるネイションとを橋渡ししたことである。

われわれムスリムにとって、祖国（ワタン）への愛はわれわれの信仰の発露であり、信仰の基礎であ

図3　タフターウィー　近代エジプトの思想家。上エジプトの村で有力者の家系に生まれる。一八二六年、第一回ヨーロッパ派遣留学生の引率者として渡仏。帰国後、多くの著作、翻訳活動に従事する。

図4　アリー・ムバーラク　近代エジプトの行政官僚、歴史家。ナイル・デルタ地方の農村に生まれる。著書『新編地誌』は、近代エジプト研究のための基本史料。

出典（図3, 5〜7）：Hamīd ‘Enāyat, *seyrī dar andīshe-ye siyāsī-ye arab: az ḥamle-ye nāpole'ūn be meṣr tā jang-e jahānī-ye dovvom*, Tehran: Amīr-e Kabīr, 1991–92.

る宗教を守ることである。どのイスラーム国家もそこに住むすべてのムスリムにとっての祖国(ワタン)である。祖国は宗教と愛国心(ワタニーヤ)を結びつける。そのため、祖国の息子たちはこの二つをともに動機として、祖国を守らなければならない。[al-Ṭahṭāwī 1872:125]

アリー・ムバーラクも、このタフターウィーの思想を共有していた。しかし、彼は、その国家官僚としての経歴が示唆するように、ヨーロッパ「近代」を理解し、それを評価する点において、タフターウィーの遥か先をいっていた。このことは、つぎの文章が如実に示している。

祖国(ワタン)への愛は、ただたんにそこにとどまり、そこから離れないことにあるのではない。そこにとどまることが祖国にたいする愛の、そこから旅立つことが祖国にたいする憎しみの証にはならない。いかに多くの人々が国(バルダ)にとどまりながらも、それを呪っていることか。そして、国から旅に出ながらも、いかに多くの人々がそれを愛していることか。祖国(ワタン)を真に愛しているものは誰でも、そこから旅立とうが、そこにとどまろうが、できるかぎりの手段で、祖国とこの人々のために働く。[Mubārak 1882:81]

ここでは、国民の形成が、タフターウィーのように、祖国・郷土に住むという次元を超えて、抽象的な人々の意識の次元で論じられている。それは、「想像の共同体」としての国家観にかぎりなく近い。しかし、だからといって、アリー・ムバーラクが信仰から遠いわけではない。彼は、先の文章がおさめられている小説『アラム・ディーン』のなかで、イスラームの教義を擁護し、つぎのように述べているからである。

これらのすべてにまさって不思議なのは、それについてまったくの初歩的なことさえ知らないくせに、彼らがイスラームとその信徒たちを悪くいうことである。もし彼らがコーランの章句とそれらが啓示された預言者の事跡を学んだならば、彼らが求めながらも否定した文明をみいだすことだろう。［Mubārak 1882 : 1106］

帝国主義と民族主義

タフターウィーとアリー・ムバーラクの思想には、イスラームにたいするゆるぎない信頼を背景に、「近代」とイスラーム、つまりダウラとウンマの両立あるいは共存への期待がみられる。しかし、この期待は、エジプトがイギリスに軍事占領されるという現実の前に、色あせていく。ムハンマド・アブドゥフ（一八四九〜一九〇五）はこうした時代に生きたイスラーム知識人であった。

ムハンマド・アブドゥフも、「近代」を「イスラームの危機」ととらえる点において、ジャバルティーと同じである。しかし、ヨーロッパ列強による植民地支配が現実となった時代状況は、ジャバルティーの時代と比べて、遥かに過酷であった。そのために、ムハンマド・アブドゥフの危機感は内面に沈潜し、深い自己反省となる。かくて、悲壮感の漂うつぎのような言葉がはかれることになる。

私は白状しよう。今日のわれわれのムスリムが（正しき）ムスリムではないことを。彼らは、これほどまでにと思われるほど、迷信的であり、偶像崇拝的である。私は、この変質の原因について云々しようとは思わない。今日のムスリムは、その弱さから他人を模倣し、感染から自らを守るすべを

知らないできた。自業自得である。〔加藤 1987:182〕

イスラームは自らの過ちを反省し、自己改革をとげねばならない。実際、彼は生涯、イスラーム改革に取り組む。ムハンマド・アブドゥフは、文字どおり、ひとつの文明としてのイスラームの改革を唱えた最後のイスラーム知識人であった。一九〇五年に刊行され、「ムハンマド・アブドゥフ、ガブリエル・アノトー論争」という副題をもつ小冊子『ヨーロッパとイスラーム』のなかで、彼はアーリヤ文明、つまり近代ヨーロッパ文明をつぎのように批判する。

福音書のなかで述べられているなにものをも、アノトー氏がわれわれに語るアーリヤ文明のなかに観察することはできない。そして事実もまた、そのことをわれわれに証拠立てている。しかし、それにもかかわらず、この文明はキリスト教と結びついている。実際、この文明は、すべてにおいて、権力、金、自惚れ、虚栄、偽善にその横斑をおいている。それは、一部の人々のあいだではスターリング・ポンドの姿をとり、他の人々のあいだではナポレオンの姿をとる。しかし、そのいかなる時においても、福音書は姿をあらわさない。〔加藤 1987:168〕

ここで、ムハンマド・アブドゥフが論争しているアノトーとは、フランスの外相まで勤めた外交官であり、当時のフランス・アカデミーのボス的存在であった、ガブリエル・アノトー（一八五三〜一九四四）である。彼の語るアーリヤ文明とは、つぎのような代物である。

フランスは、四〇〇〇万の人口からなる、自ら以外に手本をもたず、王朝や世襲の首長を戴かない共和政体をとる民族であるが、この彼らこそ、おそらくほどなくその数において自分たちと拮抗するようになるであろうもうひとつの住民、巨大な空間に拡散し、未知の風土のもとに生活し、われわれ自身が従っているそれとはまったく異なる本能、伝統、規則に従って、すでに過去のものとなっている生き方を続けているもうひとつの住民の指導を引き受けた民族である。そして、このイスラム教徒、セム系住民にたいして、いまやこのアーリヤ系、キリスト教徒、共和派の民族は、生命と文明のパンと塩をもたらさなければならない。［加藤 1987:151］

近代イスラームは、ムハンマド・アブドゥフの改革から始まる。その過程で、彼はけっしてイスラームにたいする希望を失わない。

イスラームの教えがその麻痺状態を脱し、活力を取り戻す日が来る、ということを疑うムスリムは一人としていない。それは二〇年後であるかもしれないし、二世紀後であるかもしれない。しかし、その日は来る。［加藤 1987:183］

この言葉は、同じく小冊子『ヨーロッパとイスラーム』からの引用である。この小冊子が刊行された一九〇五年は、ムハンマド・アブドゥフが死んだ年である。つまり、これは彼の最晩年の言葉であることを考えると、この叫びにも似た文章は、ムハンマド・アブドゥフのムスリム同胞への遺言とさえ思えてくる。

分裂するイスラーム思潮

ムハンマド・アブドゥフは、時代の転換期にひときわ聳《そび》え立つ知の巨人である。それは、その後の現代イスラーム思想に与えた影響力に示されている。理性と信仰の融合を信じた彼は、文明としてのイスラームを唱えた最後のイスラーム知識人であった。ムハンマド・アブドゥフのあと、イスラーム思想は、ともに彼の位牌を継ぐと主張する、近代派と復古派の二つに分岐したからである。

近代派の代表は、アリー・アブド・アッラージク(一八八六〜一九六六)である。彼は一九二五年、『イスラームと統治の諸原則』を出版し、そのなかで、宗教と政治の分離をイスラームに照らして合法とし、カリフの世俗的権威を否定した。

その叙述は、以下の文章にみられるように、歴史の現実とイスラームの理念の双方に照らして、政治にはイスラームの理念が適用される領域とそうでない領域があり、この二つを混同することをいさめたものである。そのため、この著作は、人間生活のすべての領域に適用されるべきイスラームの統一性、自己完結性を主張する保守派のウラマーから異端と攻撃され、発禁処分を受けた。

真実は、この野心、恐怖、華美、強制がしみこんだカリフ制についての誤った観念はイスラームとはなんの関係もない、ということである。カリフ制は神聖なる企画とは関係がないが、同じことは、公正な行政、政府や国家のその他の機能についてもいえる。これらは、宗教が関心をもたぬきわめて政治的な企画である。イスラームはこれらを認めも、非難も、禁止もせず、われわれが理性、国家の経験、政治の規則に基づいて判断させるがままにさせている。……宗教は、ムスリムにたいして、社会や政治にかんする科学において他の国家(の人々)と競うことを禁じてはいない。ムスリムが、その採用以来、彼らを貶《おとし》めつづけてきた古き組織形態を排するのに、なんの障害もない。ムス

図5　ムハンマド・アブドゥフ　近代エジプトの思想家。ナイル・デルタの農村で小農の家庭に生まれる。一八九九年にはエジプトの最高ムフティー(法学の権威者)となり、狭い宗教改革を超えた教育、社会改革に従事。

図6　アリー・アブド・アッラージク　エジプトの思想家。上エジプト有数の大地主の家に生まれる。アズハル学院のほか、オクスフォード大学にも学ぶ。

図7　ラシード・リダー　近代イスラーム思想家。シリア(現レバノン)に生まれる。預言者ムハンマドの子孫の家系。『マナール(燈台)』誌を創刊する。

リムは、人類の精神の近年の到達点と、健全な政府の原則からしてもっとも有益であることが示された国家の経験と完全に調和したかたちで、自由に王権と政府の規則を打ち立てることができる。

[Anouar Abdel-Malek 1983 : 44]

これにたいして、復古派の代表は、ラシード・リダー(一八六五~一九三五)である。彼は一八九四年、ムハンマド・アブドゥフのトリポリ訪問時に彼に心酔し、弟子となり、九七年、彼の教えをえるために、カイロに移住する。翌年の一八九八年、『マナール(燈台)』誌を創刊し、そのなかで、師ムハンマド・アブドゥフの思想を広めるとともに、厳格な法解釈に基づくイスラーム政治論の構築に努めた。その議論は、つぎの文章(『イスラーム国家論』)にみるように、アリー・アブド・アッラージクとは対照的に、イスラームの理念による政治を規範的に提示するものであった。

イスラーム世界(ダール・イスラーム)とそれに対応する戦争世界(ダール・ハルブ)はよく知られており、両者については規定も多い。また、カリフ制の規定に関してウラマーから引用するなかで、「公正の世界(ダール・アドル)」にもいくどか触れた。これは、正当な元首がその職に就いていて、公正が確立されているイスラーム世界である。このように命名されたのは、「不正と不義の世界(ダール・バギー・ワ・ジャウル)」の反対語としてである。……公正の地においては、善行に関して元首に服従することは、心身両面におけるイスラーム法上の義務であり、元首の命に反することは、命令の内容が、イジュティハードやタクリードのレベルではなくてコーランまたはスンナの明文によって背信(イスラーム法違反)とされているような行為でないかぎりは、許されない。ムスリムのなかでこの元首に背く者、あるいはこの元首のいる地において力をもって堕落を広める者に対しては、イスラーム法上義務とされている他の戦いと同様に、戦わなくてはならない。［ムハンマド・ラシード・リダー 1987：107–108］

そして、このような規範的なイスラーム国家論の展開は、ヨーロッパ列強によるイスラーム世界の分割とそこでの人工的な国家群の建設、イスラーム世界の盟主であったオスマン帝国の滅亡にともなうカリフ制の廃止(一九二四年)など、ムスリムにとって過酷な現実の反映でもあった。

「文明の衝突」か

現在、イスラームはあまりにも「原理主義的」解釈のもとでとらえられすぎている。「原理主義的」という言葉を、「本質論的」あるいは「超歴史的」という言葉でおきなおしてもよい。「原理主義的」解釈のもとでは、ともすれば、近代ヨーロッパ文明とイスラーム文明は、「文明の衝突」の関係としてとらえられがちである。しかし、そうではなく、イスラームがプラクティカルでプラグマティックにとらえられることが主流だった時代もあった。十九世紀から二十世紀初頭にかけての近代という時代は、そのような時代であった。

この時代は、中東が「近代化」された時代である。と同時に、ヨーロッパ列強に「植民地化」された時代でもある。この時期、イスラーム世界はヨーロッパと本格的に邂逅し、それとの格闘のなかで、自らを近代化するも、結果的には、その支配下におかれるようになった。

その結果、そこでの「近代」と「伝統」の相克が「文明の衝突」の観を呈することはあった。しかし、たとえば十九世紀エジプトにおける知識人の知的営為をこのように考えることは、現代の「原理主義的」イスラーム解釈のフィルターをとおして過去をみることであり、歴史を逆立ちさせることになる。

たしかに、十九世紀初頭のジャバルティーは、「近代」との邂逅を強い衝撃とともに、「イスラームの危機」と受けとめた。しかし、つぎの世代であるタフターウィーやアリー・ムバーラクなどの知識人は、「近代」と「伝統」の相克を、近代ヨーロッパ文明とイスラーム文明とのあいだの「文明の衝突」というような粗雑な思考枠組みのなかで考えたのではなかった。

前近代以来、キリスト教とイスラームが神学論争を展開していたことは事実である。しかし、それは、同じ一神教と認めあったうえでの論争であり、また、そこでは「近代」がキリスト教と同義というわけではなかった。そのため、それまでのキリスト教とイスラームという二つの宗教間の神学論争が、ストレートに「近代」と「伝統」の相克の議論に反映することはなかった。逆に、ヨーロッパの知識人こそが、「近代」をキリスト教と結びつけ、二つの宗教間の対立をあおっているとして批判されている。われわれは、ムハンマド・アブドゥフのつぎの言葉に深く耳を傾けなければならない。

私は、アノトー氏の研究を、政治の観点から判断しようとは思わない。私は、自国の立場と自国の他国との関係を無視することができず、結局のところ、いついかなるときにおいても、寛大で人間味あふれるしきたりを守りつづけねばならない元外務大臣、外交官に関心などない。私は、御自分の諸論文の評価をアノトー氏御自身に委ねよう。宗教的憎悪をかきたて、中世の司祭のようにイスラームにたいする聖戦を説教することが、彼にとって祖国に奉仕することになるのか、私はその決定を彼の分別に一任しよう。私がここで意図しているのは、ただたんに、フランス式教育を身につけ、フランスとアノトー氏の政治体系にあまりにも引きつけられている私の若き同胞たちに、よく考えるよう注意をうながすことだけである。彼らはそこに有益な教訓をみつけるだろう。[加藤 1987: 166]

参考文献

板垣雄三『歴史の現在と地域学——現代中東への視角』岩波書店 一九九二年
加藤博「ヨーロッパとイスラム——ムハンマド・アブドゥ、ガブリエル・アノトー論争」(『近代日本文化の歴史と論理』〈東洋大学一〇〇周年記念論文集〉一九八七年)
加藤博『イスラーム世界の危機と改革』(世界史リブレット37) 山川出版社 一九九七年
加藤博『イスラム世界論——トリックスターとしての神』東京大学出版会 二〇〇二年
坂本勉ほか編『イスラーム復興はなるか』(新書イスラームの世界史③) (講談社現代新書) 講談社 一九九三年
佐藤次高編『西アジア史Ⅰ アラブ』(新版世界各国史8) 山川出版社 二〇〇二年
ジャバルティー、後藤三男訳『ボナパルトのエジプト侵略』ごとう書房 一九八九年
鈴木董『イスラムの家からバベルの塔へ』リブロポート 一九九三年
中村廣治郎『イスラームと近代』岩波書店 一九九七年
ムハンマド・ラシード・リダー、小杉泰編訳・解説『現代イスラーム国家論——「アル゠マナール」派思想

における政府と立法』国際大学中東地域研究科　一九八七年

Abdel-Malek, Anouar (ed.), *Contemporary Arab Political Thought*, London: Zed Books Ltd., 1983.

al-Ṭahṭāwī, Rifāʻa, *al-murshid al-amīn li al-banāt wa al-banīn* 1st edn., Cairo, 1872.（『少女と少年のための正しい導き』）

Ḥimdān, Gamāl, *Shakhsīyat miṣr* 4 vols., Cairo: ʻĀlam al-Kutub, 1980–84.（『エジプト的性格』）

Mubārak, ʻAlī, *ʻAlam al-dīn* 4 vols., Alexandria, 1882.（『アラム・ディーン』）

第九章　小松久男

イシャーン

中央アジアの聖者と政治

イシャーンとは

ウンマの成立後、時とともにイスラームの教義と儀礼は整えられ、法学や神学などの精緻な学問が発展をとげた。しかし、一部のムスリムのあいだには律法に従い、儀礼を励行するだけで真のムスリムたりえるのだろうか、という疑問が生まれてきた。その解決を求めた人々は、形式的、外面的なことがらよりも、自らの精神の内面を重視し、世俗をすてて心を清め、神との精神的な合一をはたすことこそ真の信仰にほかならないと考えるようになった。彼らはこの真の信仰にいたるために世俗を離れて禁欲に徹し、ひたすら精神修養の道（タリーカ）を歩んだ。やがて神との合一をはたした人は聖者とみなされ、人知を越えた奇蹟をなしえると理解された。このような思想と運動を、彼らが着用した粗末な羊毛（スーフ）の衣にちなんでスーフィズムと呼ぶ。あるいは、神との合一という神秘体験を理想とするために、イスラーム神秘主義と表現されることも多い。

スーフィズムを担ったのは、はじめひとにぎりの知的なエリートであったが、十二世紀のなかば以降、それはしだいに民衆のあいだにも広がり始め、人々を教え導く組織としての教団が形成されるようになった。教団(これもタリーカと呼ばれた)の導師は、信徒たちの精神的な師であり、ムスリムとして正しく生きるための指導者でもあった。教団はもとより修行のための組織であったが、たとえばモンゴル侵攻期のような動乱の時代にあっては、人々の相互扶助や安全をはかる組織としても機能した。やがて大小さまざまの教団は、消長と競合を繰り返しながら、イスラーム世界のほぼ全域に広がり、各地の地域的な特徴を獲得しながら、大衆化の度を加えていったのである。スーフィー教団が現代イスラームの重要な構成要素であることはいうまでもない。

さて、イシャーンとはなんだろうか。スーフィー教団は、中央アジアにおいても広汎に普及し、社会組織として重要な役割をはたしてきた。少なくともティムール朝以降の中央アジアの歴史は、これなくしては語れないといっても過言ではない。このイシャーンとは、中央アジア独特のタームであり、スーフィー教団の導師にたいする尊称である。本来はペルシア語で三人称複数の代名詞であるイシャーンが、なぜスーフィー教団の導師の称号となったのか、その理由は定かではない。しかし、ちょうど日本語の「御前様」のように、尊敬すべき人物を直接その名前で呼ぶことがはばかられたとすれば、このような代名詞が尊称となったとしても不思議はないだろう。本章では、このイシャーンが中央アジア史のなかではたしてきた役割をいくつかの事例にそくして紹介することにしよう。そこには中央アジアに独自の要素とともに、イスラーム世界にほぼ共通の要素もみられるにちがいない。

中央アジアのイスラーム化とスーフィー

中央アジアのイスラーム化は、イスラーム暦一世紀の末にアラブ・ムスリム軍が、ブハラやサマルカンドなどの古都が位置する中央アジア南部のオアシス地域を征服したときに始まった。もっとも、征服者アラブの数はきわめて少数だったから、彼らの強制によって住民がイスラームに改宗したとは考えにくい。むしろ新しい宗教イスラームの活力やイスラーム文明の吸引力が彼らの自発的な改宗をうながしたのだろう。こうしてゾロアスター教やマニ教、キリスト教などを信仰していたオアシス地域の住民(そのほとんどはソグド人などイラン系だったと考えられる)は、しだいにウンマのメンバーとなっていった。アラブがマーワラーアンナフル(アラブから見てアム「川の彼方に広がる地」の意味)と名づけたこの地域は、当時のイスラーム世界ではまさに北方の辺境であった。しかし、ここはハディース学者として名高いブハーリー(八一〇~八七〇)、卓越した哲学者・医学者として知られるイブン・シーナー(九八〇~一〇三七)、ハナフィー法学派の古典的注釈書『ヒダーヤ』の著者として名高いマルギーナーニー(一一一七~九七)らを輩出し、イスラーム文明への貢献はじつに大きかったといわねばならない。

一方、このイスラーム文明の花開いたオアシス地域の北方には広大な草原地域が広がり、この草原の覇者はトルコ系の遊牧民であった。彼らは六世紀ころから南部のオアシス地域に向かって波状的な浸透を繰り返し、ここに攻めいったアラブ軍とも戦っている。九二〇年代の初め、アッバース朝カリフ、ムクタディルの命によりバグダードからヴォルガ中流域のブルガール国に派遣された使節団の一員イブン・ファドラーンは、この草原のトルコ人たちについて、つぎのように記している。

彼らは、まるで彷徨い歩く野生ロバに似て、〔非常に〕惨めな生活をしており、アッラーフへの信仰は勿論のこと、理性に頼ることもない。……

なお、私は、彼らが「アッラーフの他に神なし。ムハンマドはアッラーフの使徒なり」を唱えているのを聞いたが、それとて格別、その文句を信じているのではなく、彼らのところを通るイスラーム教徒に近づかんがためにただその言葉を口にする〔だけな〕のである。〔家島 1969:19〕

イブン・ファドラーンの叙述には、遊牧トルコ人にたいするバグダードの文明人の優越感もかいまみられるが、ここにはイスラーム文明圏の辺境にあって、なおイスラーム化していない遊牧トルコ人の姿が鮮明に描かれている。それでは、彼らはどのようにしてイスラーム化していったのだろうか。彼らの改宗には、異教徒のトルコ人にたいするムスリムの聖戦の結果、隊商をくんで草原をとおったムスリム商人の感化、あるいはイスラーム文明の輝きに惹かれたトルコ人たちの自発的な改宗など、さまざまな要因が考えられる。そのなかのひとつに草原のトルコ人と親しく交流したスーフィーたちの活動があった。このようなスーフィーたちのなかでもっとも有名なのがアフマド・ヤサヴィー(?〜一一六六/七)である。

ヤサヴィーは、現在のカザフスタン南部の町トルキスタン(旧名はヤス)を根拠地として活動した。そこは中央アジアの大河シル川中流域のオアシス地域と大草原とがちょうど接するところであり、彼はお

図1　9世紀のイスラーム世界

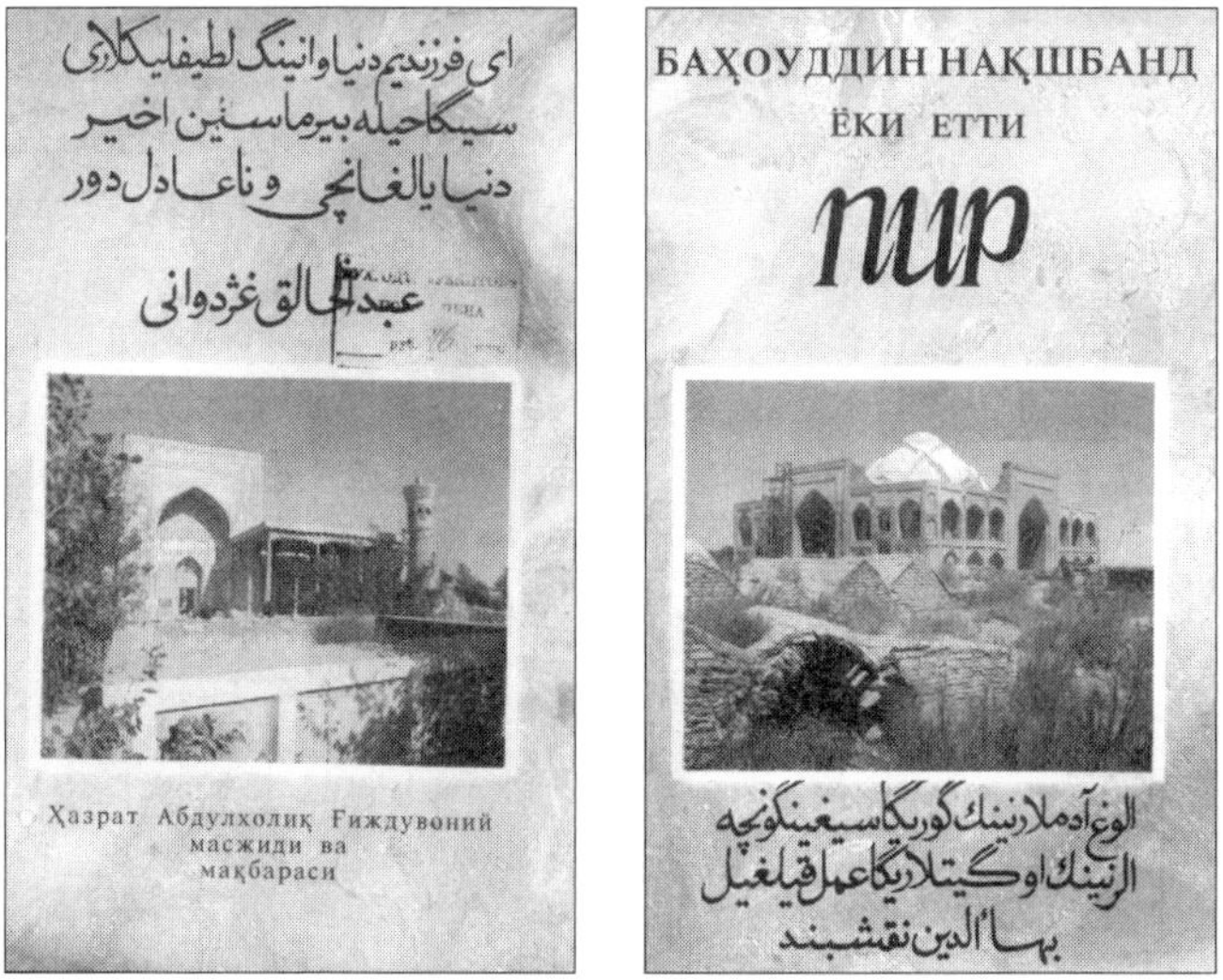

図2　バハー・アッディーン・ナクシュバンドとゆかりの導師たちを紹介する現代ウズベク語の小冊子　右はナクシュバンド廟、左はグジュドゥワーニー(～一二二〇)廟

そらく日常的に遊牧トルコ人と接触していたにちがいない。ブハラでスーフィズムをおさめたヤサヴィーは、イスラームの基本やスーフィズムの教えをわかりやすいトルコ語の詩に託して遊牧トルコ人のあいだに広めたことで知られている。それはやがて後代の作品とあわせて『知恵の詩集』としてまとめられ、トルコ系諸民族のあいだで広く読みつがれることになった。死後、聖者となったヤサヴィーの後継者たちは、彼の名にちなんだ教団を組織し、トルコ人たちのあいだに広く浸透したヤサヴィー教団は、中央アジアを代表する教団のひとつとなった。しばしば舞踏や音楽をともなったヤサヴィー教団の「声高のジクル」(神秘体験にいたる修行法で、連禱あるいは唱名)は、遊牧トルコ人固有の信仰、シャーマニズムの儀礼を想起させ、これがイスラームとシャーマニズムとの垣根を低くしたという解釈もある。ヤサヴィー教団の勢力は、十四世紀末に中央アジアの覇者ティムール(一三三六~一四〇五)が壮麗なヤサヴィー廟を再建したことによってさらに拡大し、この聖者廟(マザール)は周辺の遊牧民、とりわけカザフ人たちの聖地として現代にいたっている(図3・4)。

タシュケント郊外のゼンギー・アタのマザールもこのような聖者廟のひとつである。ヤサヴィーの弟子であったという人物の本名は不明だが、肌の色がみごとに黒かったためにゼンギー・アタ(黒き師父)の異名で知られている。彼もまた遊牧民のあいだにイスラームを伝えたのだろう。実際、このタシュケント地方は、かつて遊牧民の展開したステップとオアシス地域との境界に位置しており、まずはオアシス地域に根をおろしたイスラームを遊牧トルコ人に広めるには格好の場所である。伝承によれば、彼がひたすらアッラーフの名を唱えつつ忘我の境地にはいっていくと、そのまわりには自然と雌の羊が集ま

図3　ヤサヴィー廟の景観（一九〇七年）

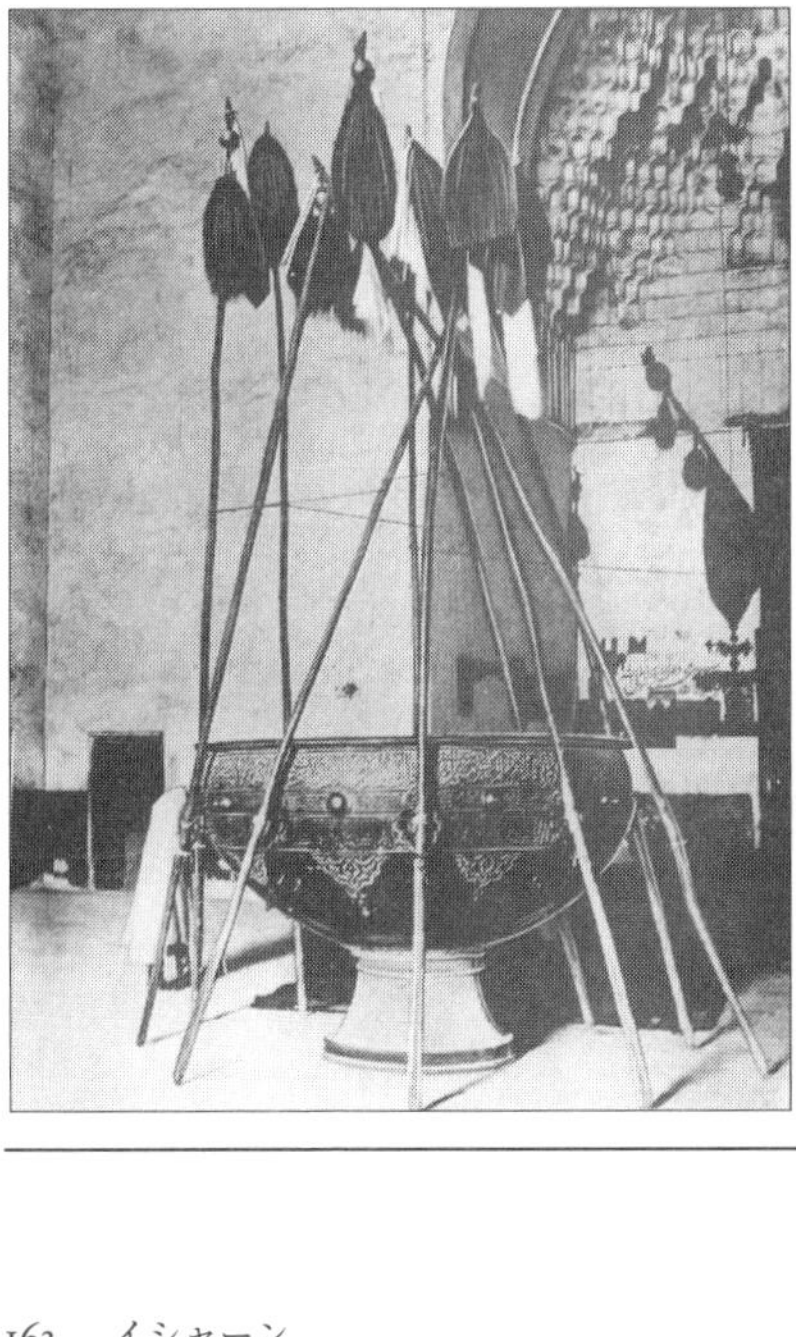

図4　ヤサヴィー廟の内部　馬の尾毛をつけた聖旗（トゥグ）と大釜（カザン）が見える。

ってきたといい、ゼンギー・アタは古くから羊飼いのいわば守護聖者として崇敬されてきた。

一見奇妙なことながら、このゼンギー・アタの墓は、ティムールの時代に「発見された」ことになっており、時の帝王とその孫は、この偉大な聖者を称えるために壮麗な廟を建設した。こうした事例は、中世の中央アジアには少なくない。広漠たる草原に壮麗なマザールを建立することにより、ティムールは自己の権勢とムスリム君主としての正当性を誇示することができたにちがいない。以来、歴代の君主たちもここに寄進を惜しまず、やがてゼンギー・アタのマザールは、モスクやマドラサ(学院)なども併設する一大複合体となった(図5)。そして人々は、この聖者のかたわらに眠ることを望んだのだろう。マザールの裏手には広大な墓地が広がっている。

ナクシュバンディー教団の発展

このティムール朝が興るころ、ブハラでは一人の導師が名声を高め、多くの弟子を集めていた。その名をバハー・アッディーン・ナクシュバンド(一三一八〜八九)といい、それまでの「声高のジクル」にかわって、神の御名をひたすら心中で唱えるような「沈黙のジクル」を創始し、つねにシャリーアに従うべきことを説いた。彼には「手は職に、心は神に」という言葉が伝えられているが、それは生業に励みつつ在家で修行することを奨励したものであり、それは彼の教えが広まる重要な要因になったと考えられる。彼の死後、その弟子たちは師の教えを軸にナクシュバンディー教団を組織したが、それはやがて東は中国や東南アジア、西はオスマン帝国支配下のバルカン半島にまで広がる、イスラーム世界でも最大規模の教団に成長した。もっとも、それは統合された単一の教団というわけではない。それは、ナクシュバンドの教えを引き継いだ導師たちの系譜、すなわち道統に連なる人々が立ち上げた無数の教団の総称なのである。

このナクシュバンディー教団の勢力拡大に貢献したのが、ホージャ・アフラール（一四〇四〜九〇）であり、イシャーンという尊称も彼のころから使われ始めたようである。サマルカンドに拠点をおいた彼は、ここで神との合一をめざす瞑想にひたり、多数の弟子を育て上げたが、彼の活動の特徴はつぎの二点にあった。

まず第一は、ティムール朝の君主や軍人（アミール）に彼らの導師として絶大な影響力をふるい、シャリーア遵守《じゅんしゅ》の観点からしばしば政治にも介入し、ムスリム民衆を政治権力の不当な支配から保護する役割を担ったことである。第二は、マーワラーアンナフルやアフガニスタン北部で寄進を受けた土地などの不動産を巧みに運用して莫大な富を集積し、これをワクフとして公共の利用のために寄進するとともに、紙やゴマ、米、綿花などを扱う活発な商業活動を展開したことである。こうした活動からは、教団が政治秩序の形成にかかわり、また社会・経済的なネットワークとしても機能していたことがうかがわれるだろう。このような特徴は、ティムール朝が遊牧ウズベクの攻撃によって崩壊したあとも、後代のイシャーンたちに引き継がれていくことになる。

令名をほしいままにしたホージャ・アフラールの死後しばらくして、ナクシュバンディー教団の道統は、インドであらたな展開をとげた。それはイスラーム暦「二〇〇〇年紀の革新者（ムジャッディド）」

と呼ばれた導師、アフマド・シルヒンディー(一五六四〜一六二四)のイスラーム革新と復興を呼びかけた活動に始まり、このナクシュバンディー・ムジャッディディーヤと称する道統は、インドから周辺に向けて普及していった。それは当然ながら中央アジアにも広がり、この道統に連なるイシャーンたちは、ウズベク諸部族の抗争やイランのナーディル・シャー軍の侵攻によって荒廃した十八世紀後半の中央アジアにおいて、シャリーアの護持とイスラームの純化を唱え、政治・社会的な秩序を回復するためにウズベク君主の政治に介入することを試みた。彼らによれば、当代の危機はシャリーアからの逸脱の結果にほかならず、「声高のジクル」を含めて都市民の放恣《ほうし》な娯楽もまた許容することはできなかったのである[Babadžanov 1996]。

しかし、彼らの活動は都市に住む一部のエリートのあいだに限られたようであり、ムスリム民衆のあいだでは、ブハラ近郊にあるナクシュバンドのマザールへの参詣をはじめとして、さまざまな迷信や伝説に彩られた聖者崇拝の伝統が根づいていた。ブハラは「聖なるブハラ」の美称で知られるが、それは中央アジアにおけるイスラーム教学の中心地としての伝統に加え、このマザールがもっていた聖地としての名声があったからだろう。実際、バハー・アッディーン・ナクシュバンドはブハラの「守護聖者」と化していた。

このような度を超した聖者崇拝にたいする批判があらわれるのは、近代になってからのことである。二十世紀初頭の中央アジアにおける教育改革運動(ジャディード運動)の指導者となったブハラ出身の改革思想家フィトラト(一八八六〜一九三八)は、その挑戦的な著作のなかで、「バハー・アッディーンの聖廟のレンガが一片でも残っているかぎり」ブハラは安泰だという頑迷固陋《がんめいころう》な保守派の発言に論駁《ろんばく》を加えている。すなわち、彼はこのような「死せる聖者」への依存の態度、換言すれば、ムスリムを無気力な沈滞のなかにとどめおくような信仰や迷信を批判し、「イスラームの護持」は「その地の生ける者たちの任務」であることを強調して、ブハラのムスリムに現状変革への行動をうながしたのである。彼はさらに別の著作でブハラ人の慣行と化したバハー・アッディーン崇拝をイスラーム法の観点からこう批判する。

今日のブハラでは、日常の挨拶や動作のたびに「おお神よ」の代わりに「おお、バハー・アッディーン」と言わぬ者はない。しかし、これはどうみてもイスラームの聖法にはかなわない。預言者ムハンマドのお言葉をみたまえ。「至高の神は、自分たちの預言者の墓を礼拝所となしたユダヤ教徒を滅ぼしたまう」とあるではないか。われらもバハー・アッディーン尊師に親しみを覚えて敬愛し、お参りにも行こう。けれども、このような思慕や敬愛、そして参詣もシャリーアののりを超えて、バハー・アッディーン崇拝に立ちいたってはならないのである。［小松 1996：102–103 表記改訂］

当時、保守派のウラマーはフィトラトらの改革派に「背教者」の烙印を押したが、このような議論をみると、シャリーアに忠実たらんとしたのはむしろ改革派の方だったことがわかる。

ロシア統治下のイスラーム

さて、イヴァン四世（雷帝）が十六世紀なかばにヴォルガ中流域のカザン・ハン国を征服して以来、東方への拡大を続けたロシアは、十九世紀にはいると広大なカザフ草原を直接の統治下に組み入れ、十九世紀後半にはクリミア戦争（一八五三〜五六年）での敗北をぬぐうかのようにコーカンド、ブハラ、ヒヴァのいわゆるウズベク三ハン国を武力で圧倒し、一八六七年にはタシュケントに新しい中央アジア植民地を経営するためのトルキスタン総督府を設置した。この戦乱の時代に、イシャーンたちはときに外交にかかわり、またときにロシア軍にたいする抵抗戦の先頭に立ったことが知られている。

ロシアの統治は、たしかに三ハン国の抗争や内乱が続いた中央アジアに政治的な安定をもたらし、ロシアの木綿工業に原綿を供給する綿花栽培を中心にその経済開発を促進した。さらにロシアは、治安の維持と税の徴収を除くと、無用な緊張を避けるべくムスリム社会への干渉をできるだけひかえた。そこにはいまや弱体化したとみえたイスラームの自然な衰退への期待もあった。しかし、ロシア統治が異教徒による植民地統治であった以上、それにたいする反発や抵抗が生まれるのは避けられなかった。

この時代のムスリムの心情をあらわした興味深いデザインが、前記ゼンギー・アタのマザール内のミナレットに見られる。このミナレットは、イスラーム暦一三二二年（一九〇四／五年）おそらくはタシュケント地方の出身でメッカ巡礼もはたした富裕な商人が建立したと思われるが、その基部には図6のようなアラビア文字の刻文と方形のデザインが彫り込まれている。刻文は、アラビア文字を巧みに組み合わせて、アッラーフに続き、ムハンマドとその四人のカリフ、アブー・バクル、ウマル、ウスマーン、アリーの名前を連ねている。それはすなわち、後世のムスリムたちが、理想のイスラームが実践された父祖の時代として繰り返し想起するとき、必ず登場する第一世代の人々である。

図5　ゼンギー・アタのマザール（左手にミナレット）

図6　ゼンギー・アタのミナレットにある刻文と迷路

では、方形のデザインはなにか。それは、下辺中央右の入り口をはいると、紆余曲折の道をたどった末に、ようやく中心に到達できる「迷路」であり、その中心にはアラビア文字でQostantiniya、すなわちコンスタンティノープルと書かれている。これは、一体なにを意味するのだろうか。このコンスタンティノープルことイスタンブルは、オスマン帝国のスルタンが君臨する首都であり、かつイスラーム世界の精神的な盟主カリフが座したところにほかならない。建立者はおそらく、中央アジアのムスリムはカリフの座から遠く離れ、その道は険しいにもかかわらず、心はカリフと結ばれていることをこの迷路によって表現しようとしたのだろう。いいかえれば、彼はロシアの植民地総督の膝元で、イスラーム世界への帰属意識を堂々と表明していたことになる。そして、かつてここに参詣した多くのムスリムたちも、この図案の意味をただちに了解したことだろう。

植民地統治下の中央アジアで、イシャーンたちはしばしば民衆運動の指導者として登場する。たとえば、一八九二年六月タシュケントでは、おりしもアフガニスタン方面から流入したコレラ禍にたいする防疫措置として、ロシア当局はムスリムの居住する「アジア地区」における墓地の閉鎖と葬儀の禁止をおこなった。しかし、この警察力を行使した厳重な防疫措置は、日頃から警察権力の専権に不満をもっていたムスリムの不信と反感を呼び、ロシア当局との交渉をおこなおうと「ロシア地区」に進入したムスリム抗議団がロシア軍鎮圧部隊と衝突するという流血の事件、いわゆる「コレラ暴動」に発展した。この暴動のとき、ムスリム抗議団の先頭に立ったのは、いずれもタシュケントの名のあるイシャーンであった。

ここでイシャーンが葬儀というムスリムの慣行の擁護者、あるいは民衆の抗議行動の指導者として登場したことは偶然ではない。本来イスラームの法と慣行の遵守に責任を負うべきウラマーは、ロシア統治下でその権威を喪失しつつあった。とくにカーディーは、「民間判事」として再編成されたにもかかわらず、実情にあわない選挙制の導入の結果、カーディーとしての資質を欠く人物が判事職に就き、これにたいするムスリムの信頼は著しく低下したからである。しかも、ロシアの統治機構のなかに組み込まれたウラマーは、概してロシア権力にたいして従順であった。これにたいして、イシャーンは公権力の統制から相対的に自由であり、危機的な状況に直面したときのムスリム大衆の期待は、この自立的なイシャーンによせられることになったのである[小松 1985:81–82]。

この事件のあと、ロシアの軍政官ルィコシン(一八六〇～一九二二)は、タシュケントのイシャーンについてはじめて詳細な調査をおこなっている。これによれば、彼らは神秘体験の導師であるのみならず、地区社会の相談役、呪術的な方法を用いて病気を治す医者、霊験あらたかな護符の作り手、ムハンマドやヤサヴィーの霊と自在に交流できるというような奇蹟譚の主人公、あるいはマドラサや橋、灌漑水路などを建設する社会事業家であったことがわかる。しかも、彼らはかつてのヤサヴィーさながらにカザフ遊牧民のあいだに分けいり、そのイスラーム化にあたっていたのである。中央アジアのイスラーム化とは、このようなイシャーンたちのたゆまぬ教化の積み重ねの結果であったともいえるだろう。

しかし、ルィコシンは、イシャーンのもうひとつの重要な側面にも目を向けていた。彼によれば、イシャーンはムスリム諸民族の政治的な統合を進める原動力であり、「無知な大衆」にたいするイシャーンの絶大な影響力は、早急に減殺しなければならなかったのである［小松 1985:81–82］。ルイコシンの予測が現実のものとなったのは、それからまもなくして起こったアンディジャン蜂起であった。

ドゥクチ・イシャーンの聖戦

アンディジャン蜂起とは、ナクシュバンディー教団に属するドゥクチ（紡錘づくりの意）・イシャーンが、一八九八年五月およそ二〇〇〇名の信徒（ムリード）を率いてアンディジャンのロシア軍兵営に夜襲を敢行した事件をいう。故郷のフェルガナ地方をはじめ中央アジアの各地でスーフィズムの修行を積んだ彼は、一八八〇年代の中ごろ、アフガニスタン、インドから海路をへてメッカ・メディナへの巡礼をはたし、帰路のカシミールでは一年ほどスーフィズムの導師に仕えたという。

インドから戻ったドゥクチ・イシャーンは、ムスリム同胞への献身的な奉仕や病気直し、養生所の開設による貧者の救済などの慈善事業をおこなうかたわら、ロシア統治のもとで腐敗と堕落の進んだムスリム社会の現状を告発した。綿花ブームの陰で零落した農民や、おりからの疫病や飢饉に苦しむ人々の救済によって名声を高めたイシャーンのもとには多くのムリードが集まり、彼らはイシャーンに土地や家畜などの莫大な寄進をおこなうとともに、導師の超人的な能力を称える奇蹟の伝説を広めていった［小松 1986:7］。ドゥクチ・イシャーンの場合も、中央アジアの伝統に従って、こうした奇蹟の記録を集めた聖者伝がつくられている。

ドゥクチ・イシャーンの教説は、その唯一の著作『思慮なき者への訓戒』に語られている。このチャガタイ語にアラビア語やペルシア語を織りまぜた詩を主体とする著作は、なによりも父祖の教えからの逸脱と無知への退行を戒め、ムスリムを正道に導くべきウラマーやイシャーン（とりわけ世襲のイシャーン）の腐敗と堕落を鋭く批判している。著者の目的は、シャリーアとスンナに従った正しい信仰と守るべき戒律を解説し、これによって世の乱れを解消するとともに預言者と正統カリフの時代の純正なイスラームを再生することにあった［Babadžanov 1998:170–172］。

スンナ派正統主義を唱える『訓戒』のなかには、ドゥクチ・イシャーンの夢に預言者と正統カリフが立ち、彼らの霊との交流を述べる下りがしばしばあらわれる。二十九歳で預言者と四人のカリフから白いハラート（長衣）とスーフィーの帽子とを下賜されたイシャーンは、三十三歳で聖地に赴くと、そこで彼らからカリフの位すら与えられるのである。フェルガナ地方のトルコ系、イラン系のムスリムに「衆よ聞け」と呼びかけるイシャーンは、預言者ムハンマドとの緊密な関係を根拠に自らの権威を誇示しているかのようである。

ドゥクチ・イシャーンの教説がフェルガナ地方のムスリムに受け入れられた様子は、一八九四年八月フェルガナ東部の郷長や長老たちが作成した合意書からもうかがうことができる。そこにはつぎのように述べられている。

全知全能の神には明らかなごとく、一部のムスリムは過度の放漫と完全な無知とのゆえに、共同体からの離脱、宗教的な義務と命令およびスンナの不履行のごとき不法な行為、そして飲酒、女性の不道徳、バザールにおける不正のごとくいむべき行為をおかしている。そこでわれわれは、善き行為の教示と悪しき行為の抑止、そして信徒の義務の判定のために、ムハンマド・アリー・ハリーファ師にこれらの教示と抑止の権限、ならびにシャリーアの定めるところに従って違反者に懲罰をくだす権限を委ねる。〔小松 1986:8 一部改訂〕

この文面は、まさに『思慮なき者への訓戒』の教説を反映したものであり、実際イシャーンは、ムスリム社会の公正と規律の維持にあたるライースを選任している。ロシア統治下にあってこのような秩序を導入したことは注目に値する。こうして一八九〇年代の中ごろ、ドゥクチ・イシャーンはフェルガナ地方の東部一円に二万人におよぶムリードを従え、ムスリム行政官のあいだにすら隠然たる影響力をふるう地域社会の統率者に成長した。とりわけドゥクチ・イシャーンとの関係が緊密だったのは、当時なおイスラーム化の過程にあった遊牧・半遊牧のキルギスであり、ロシア人入植者による土地の収奪に脅威を抱いていた彼らの懇請が、イシャーンに聖戦を決意させたと考えられる。

近代装備のロシア軍にほとんど徒手空拳で挑戦した蜂起は、またたくうちに鎮圧された。ロシア当局は蜂起にたいして厳罰をもって臨み、ドゥクチ・イシャーン以下六名の首謀者は公開処刑の露と消えた。しかし、この蜂起は中央アジア統治に自信を深めていたロシア当局に大きな衝撃を与えた。時のトルキスタン総督は皇帝ニコライ二世(在位一八九四〜一九一七)宛の報告書のなかで、帝国のかかえるムスリム問題の重要性を説き、とりわけスーフィズムと汎イスラーム主義の危険性に注意を喚起している。蜂起の鎮圧後、中央アジアのムスリム知識人のあいだにはイシャーンの暴挙を批判する声があいついだが、一九〇二年夏、フェルガナ州総督はトルキスタン総督にたいして、イシャーンを無謀な愚か者と断ずる

図7　ドゥクチ・イシャーンの邸宅を接収したロシア軍部隊(同時代のロシアの雑誌から)

図8　アンディジャン蜂起を伝える日本の新聞(『読売新聞』一八九八年七月十三日、朝刊)

○中央亞細亞に暴徒起る　土耳其斯坦《とるきすたん》フェルガナ州《しう》アンヂジャン市《し》は露兵《ろへい》三百許《ばか》り駐屯《ちうとん》し常《つね》に宗教《しうけう》上《じやう》の爭《あらそ》ひ絶《た》えざる所《ところ》あるが此程《このほど》土人《どじん》一千名《めい》許《ばか》り俄《にはか》に起《おこ》りて兵營《へいえい》を襲撃《しうげき》したる爲《た》め兵士《へいし》は之《これ》を應戰《おうせん》して土人二十名《めい》を殺《ころ》し十八名《めい》に負傷《ふしやう》せしめたり中央亞細亞《ちうあじあ》に於《おい》て暴徒《ぼうと》起《おこ》りて露兵《ろへい》に抵抗《ていかう》すること敢《あへ》て珍《めづら》しと爲《な》さゞれども今回《こんくわい》の如《ごと》く不意《ふい》に且《か》つ多數《たすう》に暴起《ばうき》したると聞《き》かず其原因《そのげんいん》に就《つい》ては目下《もくか》嚴重《げんちう》に取《と》り調《しら》べ中《ちう》なれども首領《しゆりやう》は回々教徒《ふいくけうと》の由《よし》なれば矢張《やは》り宗教上《しうけうじやう》の爭《あらそ》ひなるべしといふ

地元代表の宣伝活動にもかかわらず、民衆のあいだには今もなお彼を殉教者として称えるふうのあることを報告している［小松 2003］。

ソ連時代のイシャーンたち

一九一七年のロシア十月革命後、中央アジア（トルキスタン）では、植民地のロシア人労働者、兵士、農民を主体としたソヴィエト政権と、ムスリムを主体としたトルキスタン自治政府とが対抗し、ソヴィエト政権が自治政府を武力で打倒したあと、ソヴィエト政権とこれに抵抗するムスリム武装勢力（ソヴィエト側の呼称ではバスマチ）とのあいだに激しい内戦が始まり、それは一九二〇年代初頭まで続いた。この間、イシャーンたちはしばしばムスリム武装勢力を指導、あるいはこれに参加して赤軍と戦った。なかには、現タジキスタンの山岳地方で地域社会の精神的な指導者として君臨していたイシャーン・スルタンのように、部衆を率いてバスマチ運動に参画した事例もある［帯谷 1995］。

内戦に勝利をおさめたソヴィエト政権は、一九二〇年代末からイスラーム文明の伝統を中央アジア社会から根絶する政策を強化した。イシャーンたちのほとんどは追放や粛清の対象となり、彼らの活動拠点となっていたマザールも破壊もしくは閉鎖されたり、ほかの目的へ転用されたりした。ゼンギー・アタの聖廟も一九三〇年に閉鎖され、再開されたのはペレストロイカ末期の八九年のことである。一方、無神論宣伝の刊行物では、迷信やトリックを利用して無知蒙昧《もうまい》な民衆をだまし、これに寄生するイシャーンたちの姿が辛辣《しんらつ》な嘲笑や批判の対象となった。この時代ウズベク作家として活動していたフィトラトも、自分の白いロバの墓を聖者廟と偽り、ここに参詣する人々から喜捨の金品をだまし取る悪辣なイシャーンを描いた『アク・マザール（白い聖廟）』という短編を書いている。イシャーンにたいする攻撃には限りがなかったといえよう。

しかし、ソヴィエト政権の反イスラーム政策も、イシャーンの系譜や活動を完全に断つことはできなかった。たとえば、第二次世界大戦のさなかナチス・ドイツとの総力戦に突入したソヴィエト政権は、中央アジアのムスリム諸民族の積極的な協力をとりつけるために、一九四三年公認のムスリム組織としてタシュケントに中央アジア・カザフスタン・ムスリム宗務局を創設した。この帝政ロシア時代にもなかった宗務局の局長（ムフティー）職に就いたのは、タシュケントのイシャーン名家出身のイシャーン・ババハン・アブドマジドハノフ（在職一九四三〜五七）であり、以後の局長も三代続けて同家からでている。彼らがスーフィズムの伝統を継承していたかどうかは不明だが、世襲のイシャーン家がなおムスリムから尊敬を受けていたことは、このような事例からも推測することができるだろう。

また、一九七〇年代末にトルクメニスタンにおけるスーフィズム（イシャニズム）の歴史と現状にかんする興味深い研究を発表したソ連の民族誌学者デミドフは、大戦後も説教や弟子の徴募、病気直し、喜捨の取得にあたるイシャーンたちのさまざまな事例を紹介し、「イシャニズムの遺制」の根強さを指摘している。彼によれば、現代のイシャーンはスーフィズムについての基礎的な知識もなく、まして修養の経験もないが、まさにそのために呪術的な病気直しのように前イスラーム的な信仰や儀礼に迎合する傾向が強いのだという。デミドフは、イシャーンたちの偽善や詐欺を断罪する一方で、イシャニズムが残存しえた理由を、当地における無神論宣伝の不活発とならんで、スーフィズムの神秘主義や汎神論とトルクメン人の前イスラーム的な信仰（祖先崇拝やシャーマニズムなど）とが、イシャーンを媒介として卑俗化したスーフィズムという「強力な合金」をつくりだしたことにみいだしている。彼は、「イシャニズムの遺制」を除去するには行政と提携した「多面的かつ非妥協的な思想闘争」が必要だと指摘したが、その闘争はソ連自体の崩壊によって完遂にはいたらなかったようである[Demidov 1978]。

現代のイシャーンたち

一九八〇年代の末、ペレストロイカ時代の末期から中央アジアの南部地域（とくにウズベキスタンとタジキスタン）ではイスラーム復興の動きがあらわとなった。ソ連時代に強い抑圧を受けたイスラームが人々の生活に回帰し始めるとともに、イスラーム国家構想のようにイスラームが政治化する傾向もあらわれた。

こうしたなかでイシャーンの姿も見られるようになった。ウズベキスタンのフェルガナ地方では、イスラームの復興を唱えた革新派（その名もムジャッディディーヤ）が、ドゥクチ・イシャーンのジハード（聖戦）を評価して、急進主義を戒める多数派の伝統主義派と対立した。またソ連解体の直後に内戦が始まったタジキスタンでは、有力なイシャーンたちがイスラーム復興党の指導する反政府派（統一野党）に人々を動員するうえで重要な役割をはたした。この統一野党の指導的なイデオローグで、一九九七年の国民和解ののちタジキスタンの副首相となったトゥラジャンザーダは、スーフィズムの実践とは縁がないとはいえ、やはりイシャーン名家の出身である。
その一方で、再開されたブハラのナクシュバンド廟やタシュケントのゼンギー・アタ廟には、ここに参詣して聖者のとりなしを祈願する老若男女があとをたたない。最近では、遠来の参詣者が宿泊する施設もできている。はたして、中央アジアのイシャーンはどこまで復活するのだろうか。それは、中央アジアの復興するイスラームの行方とも関連する、興味深い問題である。

参考文献

宇山智彦編『中央アジアを知るための六〇章』明石書店　二〇〇三年
A・ウルンバーエフ、久保一之訳「一五世紀マーワラーアンナフルとホラーサーンの社会状況におけるナクシュバンディズムの位置――『ナヴァーイー・アルバム』所収書簡に基づいて」（『西南アジア研究』四六　一九九七年）
帯谷知可「中央アジアにおけるスーフィズム――バスマチ運動とタリーカ」（原暉之・山内昌之編『スラブの民族』〈講座スラブの世界2〉弘文堂　一九九五年）
川本正知「ナクシュバンディー教団の修行法について」（『東洋史研究』四二巻二号　一九八三年）
小松久男「タシュケントのイシャーンについて」（『イスラム世界』二三／二四号　一九八五年）
小松久男「アンディジャン蜂起とイシャーン」（『東洋史研究』四四巻四号　一九八六年）
小松久男『革命の中央アジア――あるジャディードの肖像』東京大学出版会　一九九六年
小松久男編『中央ユーラシア史』（新版世界各国史4）山川出版社　二〇〇〇年
小松久男「地域間比較の試み――中央アジアと中東」（佐藤次高編『イスラーム地域研究の可能性』東京大

学出版会　二〇〇三年）
堀川徹「中央アジアの遊牧民とスーフィー教団」（堀川徹編『世界に広がるイスラーム』〈講座イスラーム世界3〉栄光教育文化研究所　一九九五年）
家島彦一『イブン・ファドラーンのヴォルガ・ブルガール旅行記』東京外国語大学アジア・アフリカ言語文化研究所　一九六九年
Babadžanov, B., “On the History of the Naqšbandīya Muğaddidīya in Central Māwarā’annahr in the Late 18th and Early 19th Centuries,” M. Kemper, A. von Kügelgen and D. Yermakov（eds.）, *Muslim Culture in Russia and Central Asia from the 18th to the Early 20th Centuries*, Berlin: Klaus Schwarz Verlag, 1996, pp. 385–413.
Babadžanov, B., “Dūkčī Īšān und der Aufstand von Andižan 1898,” A. von Kügelgen, M. Kemper and A. J. Frank（eds.）, *Muslim Culture in Russia and Central Asia from the 18th to the Early 20th Centuries*, 2, Berlin: Klaus Schwarz Verlag, 1998, pp. 167–191.
Babadjanov, B. and M. Kamilov, “Muhammadjan Hindustani（1892–1989）and the Beginning of the “Great Schism” among the Muslims of Uzbekistan,” Stéphane A. Dudoignon and Komatsu Hisao eds., *Islam in Politics in Russia and Central Asia*（*Early Eighteenth to Late Twentieth Centuries*）, London / New York / Bahrain: Kegan Paul, 2001, pp. 195–219.
Demidov, S. M., *Sufizm v Turkmenii*（*Evolyutsiya i perezhitki*）, Ashkhabad: Ylym, 1978.

第十章　小松久男

ジャポンヤ

イスラーム世界と日本

イスラーム世界と日本

現代イスラーム世界の動向は、いまやマスメディアやインターネットをとおしてほとんどリアルタイムで日本に伝えられている。こうした情報にふれた日本人の多くは、二〇〇一年九月十一日の衝撃的な事件からまもなく、あいついで戦場と化したアフガニスタンとイラクの惨状を知り、抑圧と暴力が激化するパレスチナ問題の深刻さを改めて認識したにちがいない。

このような現実を前にして、日本の国際貢献や復興支援のあり方が問われていることは周知の事実である。現代イスラーム世界にかんする情報は、その質や傾向性はひとまずおくとして、日本においても確実に増している。しかし、イスラーム世界を戦争や紛争、さらにはテロの繰り返される舞台としてばかりとらえることは正しくない。とりわけ、これからの日本がイスラーム世界との主体的な関係を築いていこうとするならば、現代の国際問題や石油資源の観点からのみならず、イスラーム世界と日本とのこれまでの関係にも十分な目配りをする必要があるだろう。それは一般に日本とは疎遠と思われがちなイスラーム世界を見直す契機となるかもしれない。

本章は、このような視点から、今からおよそ一世紀前にイスラーム世界と日本とを結ぼうとした人物に注目し、イスラーム世界と日本との接点を探ってみたいと思う。この人物とは、『イスラーム世界——日本（ジャポンヤ）におけるイスラームの普及』（イスタンブル、一九一〇年刊）と題する大旅行記の著者、アブデュルレシト・イブラヒム（一八五七〜一九四四）である。

イブラヒム——ロシア生まれの汎イスラーム主義者

このイブラヒムとはいかなる人物だったのか。まず、日本と関係を結ぶ以前のイブラヒムの前半生を概観しておこう。

彼は、ウラル山脈の東、西シベリアに位置するトボリスク地方のタラに生まれたタタール人であり、祖先は中央アジアの古都ブハラからこの地方に移り住んだという。若くしてイスラームの学問を志したが、帝政ロシアの統治下では満足な機会にめぐまれず、露土戦争（一八七七〜七八年）直後の七九年夏、黒海北岸のオデッサから密航してオスマン帝国の首都イスタンブル経由でアラビア半島のメッカに渡った。メッカとメディナのマドラサ（イスラームの高等学院）でイスラーム諸学とアラビア語をおさめたイブラヒムは、一八八五年故郷に戻り、旧態依然としたマドラサの改革にいそしんだ。ロシアとオスマン

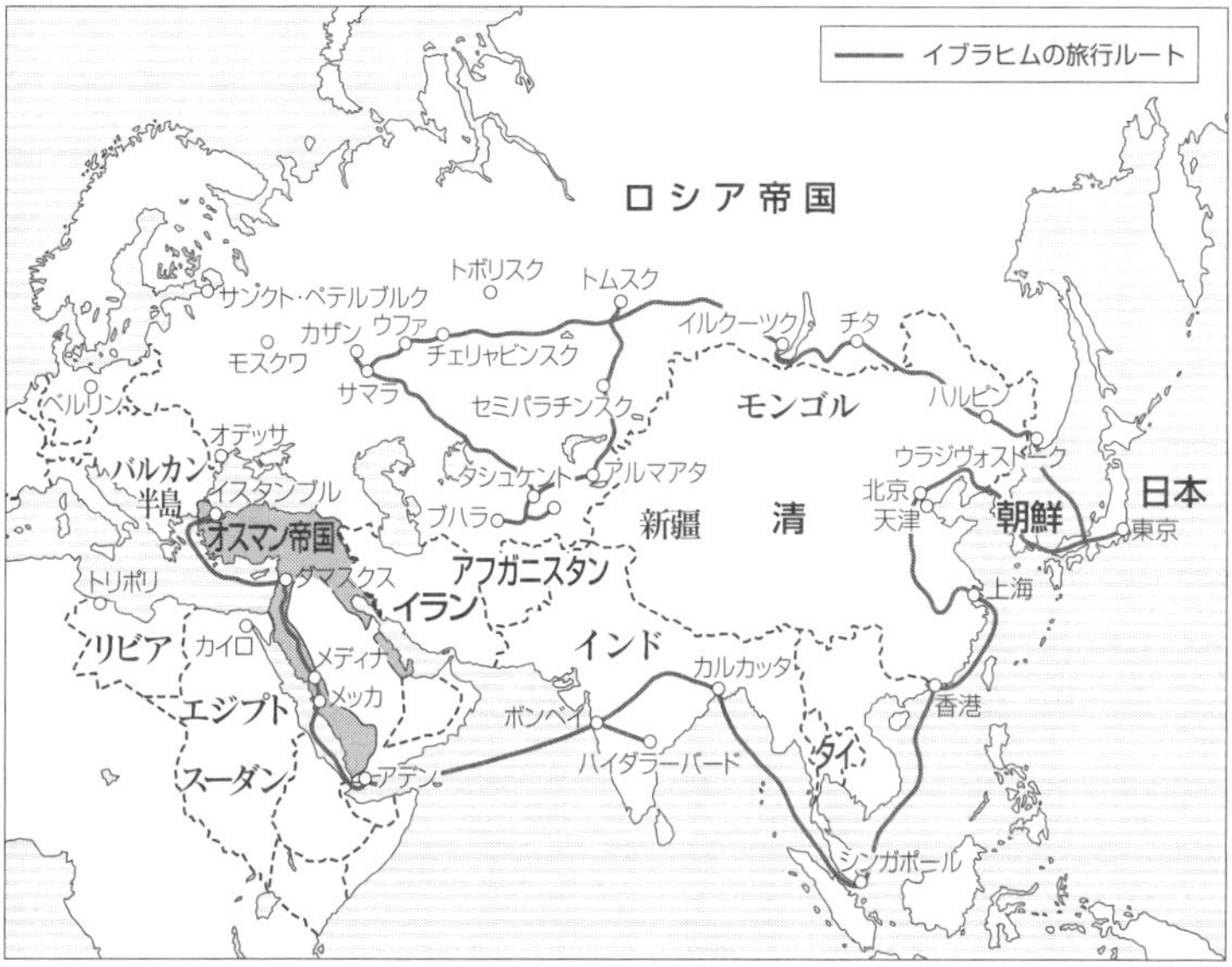

図1　イブラヒムの旅行ルート

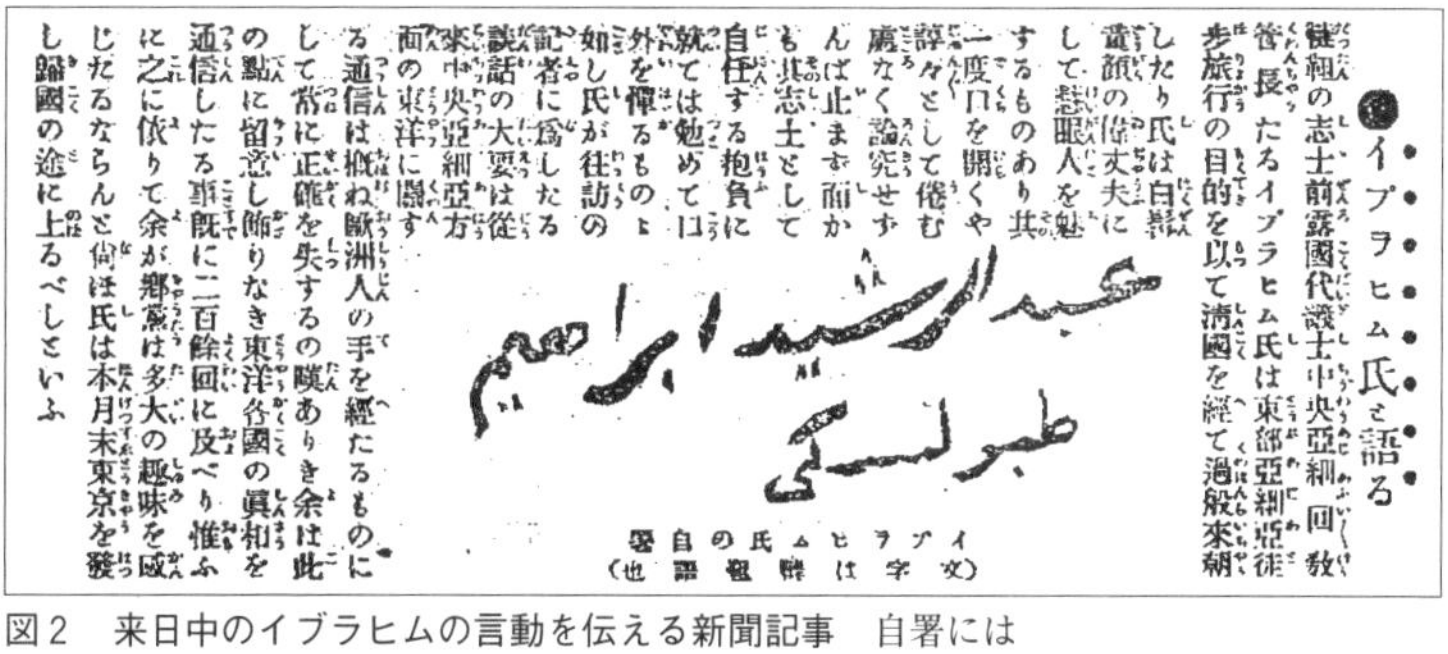

●イブラヒム氏と語る

韃靼《だったん》の志士《しし》前露國代議士中央亞細亞回教管長《くわんちやう》たるイブラヒム氏は東部亞細亞徒歩旅行の目的《もくてき》を以《もつ》て清國《しんこく》を經《へ》て過般來朝したり氏《し》は白髯《はくぜん》蒼顔の偉丈夫に して慧眼《けいがん》人を魅するものあり其《その》一度口《くち》を開《ひら》くや諄々《じゆんじゆん》として倦《う》む處《ところ》なく論究《ろんきう》せずんば止まず而《しか》も其《その》志士として自任《じにん》する抱負《はうふ》に就《つい》ては勉《つと》めて口外を憚《はゞか》るものゝ如し氏が往訪の記者に爲《な》したる談話の大要は從來中央亞細亞方面の東洋に關《くわん》する通信《つうしん》は概《おほむ》ね歐洲人《おうしうじん》の手《て》を經《へ》たるものにして常《つね》に正確を失《しつ》するの嘆《たん》ありき余《よ》は此《こ》の點《てん》に留意し飾《かざ》りなき東洋各國の眞相《しんさう》を通信《つうしん》したる事既《すで》に二百餘回に及《およ》べり惟《おも》ふに之《これ》に依《よ》りて余《よ》が郷黨は多大の趣味《しゆみ》を感《かん》じたるならんと伺氏は本月末東京を發《はつ》し歸國《きこく》の途《と》に上《のぼ》るべしといふ

عبد الرشيد ابراهيم
طبولسكي

イブラヒム氏の自署
（文字は韃靼語也）

図2　来日中のイブラヒムの言動を伝える新聞記事　自署には「トボリスク出身」とある（出典：『読売新聞』明治42年６月11日朝刊）。

帝国とは再三にわたる露土戦争が示すように長く対立する関係にあったが、トルコ系ムスリムのイブラヒムにとって、オスマン帝国はいわば祖国に等しい存在であり、彼は終始この二つの帝国のあいだを行き来することになる。

一八九二年イブラヒムは、その学識をかわれて、ウラル山脈南部のウファーに所在する「ムスリム聖職者協議会」のメンバーに選ばれ、カーディー（裁判官）職に就任した。この協議会は、かつて女帝エカチェリーナ二世（在位一七六二〜九六）が、帝国領内のウラマー（モスクのイマームやマドラサの教師など）を統括するために創設を命じた公的な機関であり、ロシア内地とシベリアのムスリムを指導・統括する役割をはたしていた。ちなみに、二十世紀の初頭、ロシア帝国内のクリミア半島、ヴォルガ・ウラル地方、カフカース、トルキスタン（中央アジア）、シベリアなどに居住したムスリム人口はおよそ二〇〇〇万人であり、帝国人口の少なくとも一三％を占めていた。帝政ロシアは、巨大なムスリム人口をかかえていたのである。

イブラヒムが就いたカーディー職はロシア領内のムスリム社会では十分に名誉ある地位であり、やがて来日したイブラヒムが「露国前回々教管長」などと紹介されたのはこのためである。しかし、彼はムスリムにたいするロシア政府の抑圧的な政策とその「御用機関」と化した聖職者協議会の停滞と腐敗とに憤激して、わずか数年でこの職を去り、一八九四年にはイスタンブルに移住した。

国外にでたイブラヒムは、ここでロシアの対ムスリム政策、正教会宣教師によるタタール人ムスリムの改宗と同化の活動や、ムスリムの教育改革運動にたいするロシア当局の妨害などを激しく告発する論説を発表した。カイロで刊行されたオスマン語の著作『ロシアのムスリム』(一九〇〇年)は、その代表的な例である。もっとも、ロシアのムスリムとしておそらくははじめて激しい帝政批判を展開したイブラヒムにしても、帝政支配の強力さとムスリムの非力や無知という現実は受け入れざるをえなかった。彼は、十九世紀清朝治下のムスリム反乱が彼らの大量殺戮《さつりく》という悲劇をもたらした例を引き、帝政にたいする直接の抵抗はひかえ、なによりも教育の改革と拡充にいそしむべきことをムスリムに説いたのである。

さらに、この間ヨーロッパに旅したイブラヒムは、亡命中のロシア人社会主義者たちとも接触し、反帝政の立場を明らかにした。一九〇四年、ロシア政府の要請を受けたオスマン政府により彼が強制送還され、一時オデッサの監獄に投じられたのも、こうした彼の反政府的な言動の結果であったと考えられる。ロシア当局からみれば、彼は国境を越えてムスリムの政治的な覚醒と統合を扇動する「危険な汎イスラーム主義者」にほかならなかったのである。日露戦争時、イブラヒムは対露工作で名高い明石将軍と肝胆相照らしたという[若林 1937:9]。

日露戦争の思わぬ失敗に帝政がゆらぐなか、ロシア一九〇五年革命によって言論や出版の自由がえられると、イブラヒムはサンクト・ペテルブルクを拠点にタタール語やアラビア語の新聞・雑誌を刊行して、ムスリム・ジャーナリズムの発展に貢献した。さらにムスリムの地位向上と権利拡大を求めるイブラヒムは、同志とともに三度にわたるロシア・ムスリム大会の開催やムスリム最初の政治組織「ロシア・ムスリム連盟」の結成に尽力し、ロシア領内のムスリム民族運動を指導した。彼はこの時期にムスリムの自治構想を論じた著作もだしている(来日後のイブラヒムが「露国前代議士」と紹介されたのは、彼のこのような政治活動から生まれた誤解だろう)。

しかし、一九〇七年以降帝政の反動が始まり、政治活動の自由が奪われると、イブラヒムは単身でまずロシア領中央アジアをめぐり、ついで一九〇九年九月末、ヴォルガ中流域の大都市カザンの船着場を出発点として、シベリア、満州、日本、朝鮮、中国、東南アジア、インド、アラビア半島をめぐってイスタンブルにいたるユーラシア大旅行に旅立つことになる。

旅の途次、イブラヒムは自己の見聞や観察を綴っては、タタール人の文化的な中心地カザンの『ベヤーヌル・ハック(真実の報知)』紙やイスラーム世界の中心地イスタンブルの『スラト・ミュスタキム(真直の道)』誌に書き送っていた。その姿はたしかに諸国周遊のジャーナリストであった。しかし、のちにまとめられた彼の旅行記『イスラーム世界』を読むと、この大旅行にはおそらく二つの目的があったと思われる。ひとつは、広くアジアに広がるイスラーム世界の実情を調べ、これをムスリムの覚醒と啓蒙に役立てること、もうひとつはロシアやイギリス、フランスなどの列強支配下にあるイスラーム世界を解放するための戦略を練りあげることであった。そして、イブラヒムによれば、この戦略のなかで要となるのは日本にほかならなかったのである。シベリアと満州をめぐったイブラヒムは、一九〇九年一一月ウラジヴォストークに到着し、日本領事館を訪ねたあと、日本行きの船便を待った。日本の当局もまた、このロシアで広く知られたムスリム活動家の来日について、しかるべき情報をえていたと考えるのが妥当だろう。

日本のイブラヒム

一九〇九年二月二日、イブラヒムは氷の張った若狭湾の敦賀港に着き、市中にすえられた日露戦争での戦利品、ペテルブルクで鋳造された巨大な大砲を目にしている。戦争の記憶はまだ鮮明に残っていたのである。まもなく横浜に居を構えたイブラヒムは、東京までしばしば徒歩で出向くこともいとわず、旺盛な好奇心と行動力をもって日本と日本人の観察に着手することになる。日本語は知らなかったが、ロシア語に堪能な中山逸三(おそらくは黒龍会のメンバー)と知己をえたこともあり、ロシア語を介して多様な日本人と会話を交わしている。もっとも、「(日本語の)言葉の組立て方がトルコ語と似ていることに気づいてから、おおいに学習意欲がわいてきた」というイブラヒムは、日本語会話の習得に精進し、一〇日余りのうちに「東京にいってくるだけの語学力」を身につけたという。

イブラヒムは、一九〇九年六月まで日本に滞在したが、彼のユーラシア旅行中これほど長く滞在したのは日本のみであり、それはとりもなおさず彼の日本への関心の強さを裏書きしている。彼の訪問先はじつに多種多様であり、横浜近郊の村から会期中の衆議院、巣鴨刑務所、火葬場、造幣局、病院、湯島聖堂さらには知友と連れ立っての花見や歌舞伎見物におよんでいる。

とりわけ好んでおとずれたのは教育施設であり、早稲田大学や東京帝国大学、東京美術学校(現東京芸術大学)を訪問し、女学校などさまざまな学校の卒業式や授業を参観したイブラヒムは、日本の教育の充実ぶりに感嘆している。そこにはロシア・ムスリムの教育改革に取り組みながら、いまだその成就にいたらなかった彼の感慨のほどを読み取ることも可能だろう。

もうひとつ彼が強い関心を示したのは、日本のジャーナリズムであり、来日早々に徳富蘇峰《とくとみそほう》の主宰する『国民新聞』や三五万部の発行部数を誇る『報知新聞』を訪ね、自己紹介と情報収集をおこなっている。たとえば、明治四十二(一九〇九)年二月十六日の『報知新聞』には、「平和にして勤勉なる日本国民――露国前代議士の来訪、世界漫遊の新聞記者」という見出しで、社を訪ねた「異様の巨人」「露国一流の態度にて名乗りを上ぐるを聴けば、露国前代議士にして此頃解散を命ぜられたる急進主義のエルフェツト新聞主筆たりしレシット、エブラヘム氏(六〇)其の人なり」という紹介がある。

この間、イブラヒムは村人や市井の人々と親しく交わりながら、親交をえた大隈重信や徳富蘇峰のつてをたどってであろう、多くの政治家や名士、大学教授と面会をはたしている。このなかには、伊藤博文、犬養毅、もと宮内大臣土方久元、貴族院議員松浦厚、衆議院議員佐々木安五郎、陸軍元帥大山巌、大倉喜八郎、頭山満、内田良平などの錚々《そうそう》たる人物がならび、おそらくは彼らの紹介で史談会などの講演会に招かれてはロシア語による講演をおこなった。これらの会見や講演のなかでイブラヒムが強調したのはつぎの三点であった。

第一は、日本人の美質としての「民族精神」の護持。イブラヒムは、勤勉、誠実、質素、責任感と公徳心の強さ、階級を欠いた平等の観念、長幼の序の尊重など日本人の美質をヨーロッパやイスラーム世界と比較しながら口をきわめて絶賛しているが、なかでも重視したのが「民族精神」(日本の新聞などはこれをしばしば「大和魂」と訳している)の護持であった。彼によれば、日本の急速な発展の要因は、日本人がこの生来の精神的な価値を堅持しながら、換言すれば自らの伝統とアイデンティティを喪失する

図3　人力車に乗ったイブラヒム　一九〇九年カザンで刊行された旅行記第一部の表紙。

ことなく、西欧の科学・技術を積極的に受容したことにあったのである。この議論の背景には、十九世紀のタンジマート改革以来、急速な西欧化改革によってイスラーム的伝統からの乖離《かいり》が進んだオスマン帝国の現状、ひいては近代化の衝撃にさらされたイスラーム世界の変容にたいするイブラヒムの憂慮をみいだすことができる。

第二は、いたずらな西欧化、とりわけキリスト教宣教師の活動にたいするあからさまな批判。これは明らかに第一の議論の裏返しであり、イブラヒムはことあるたびに日本における「ハイカラ」すなわち西洋かぶれの流行に警鐘をならし、宣教活動の背後に支配や同化などの列強の政治的意図を指摘している。ここには、キリスト教にたいする汎イスラーム主義者の直截《ちょくせつ》な嫌悪感や拒否感というよりはむしろ、宣教活動を介した、いわゆる文化的帝国主義の脅威を経験してきたムスリム知識人の認識を読み取るべきだろう。とりわけ、ロシア正教会のイデオローグ、イリミンスキー(一八二二〜九一)が、帝国内のムスリム諸民族などの「異族人」にたいして、彼らの母語による教育をとおして改宗と同化の新方式を提唱し、それがヴォルガ・ウラル地方のタタール人に多大の脅威を与えたことを身にしみて理解していたイブラヒムの場合、日本における宣教師の活動はその実際の効果や力量以上に過大に認識されたにちがいない。

第三は、西アジアから東アジアや東南アジアに広がるイスラーム世界の地政学的な重要性。これはイブラヒムが政治家や軍関係者との談話のなかでしばしば言及した点であり、とりわけ中国ムスリム(現在の回族)の存在に注意を喚起している。イブラヒムによれば、中国への勢力拡大をはかる日本にとって、中国ムスリムは最善のパートナーたりえるのであった。それはまたイスラーム世界と日本との結合によってアジアの統一を実現し、ヨーロッパ列強のアジア支配に対抗するという遠大な戦略の一環でもあった。そのためには、日本人のイスラーム改宗がなによりの道である。しかし、「日本人の天性の美徳はイスラームの教えと完全に合致している」ことを発見した彼も、政治・経済的な利益がなければ日本人の改宗はありえないことを認識していた。

イブラヒムが繰り返し語った日本来訪の意図は、一九〇九年三月『外交時報』に掲載された談話のなかでもっとも詳細に聞くことができる。少し長くなるが引用してみよう。

余が日本に来遊せる目的は詳細に日本の事情を観察せむとするにあるやもとよりなり。有体に白状すれば余は日露戦争までは日本についてほとんど全く知る所なかりしなり。日露戦争における日本の勝利は実にめざましかりき。露国新聞はことさらに黒白を取り違えたる記事を掲くるに努めたりといえども、トルコ新聞はよく事実の真相を報じ余をして百戦すべて日本の勝利に帰したるを疑ふ能はざらしめたり。これ余の心を動かし日本観光のことを決せしめたるゆえんなり。旭日の上るがごとき勢いをもって進歩しつつある日本は、必ずついて学ぶべきもの多からんとは、余の深く信ずる所なりき。……余ら韃靼《だったん》人〔タタール人〕が露国の支配を受くるに至りしよりここに四五〇年、露国政府の暴虐はまことに言語に絶す。露国政府は韃靼人をして韃靼の歴史を知るを得ざらしむ……余は繰り返しここに述べんと欲する者なり。ヨーロッパ人種はアジア人種を嫌悪すること甚だし。トルコのごとき往古の盛時にありては人口一億〔明らかな誇張〕を超過せしも、いまやわずかに一千万に達するのみ。これヨーロッパがトルコのアジア人種に属するの故をもって、圧迫を加えこれが人口の激減に及ぼしたるものたるはおおうべからざるなり。余はこの見地においてアジア人種がアジア同盟をつくり、ヨーロッパに対抗するの正当防衛手段たるを確信する者なり。……余ら韃靼人は日本を先輩として尊敬するに躊躇せざるもの、行く行く留学生を派し来り諸君の高義に信頼せむと欲す。韃靼人の独立は尋常の軌道によりて成就されうべしとは余も自ら信ぜず。世界の風雲色を変え、列強の転化を見んとするの時機に乗し事を決行せむと欲す。〔『外交時報』一九〇九年一三七号より抜粋〕

亜細亜義会

このようなイブラヒムの発言は、明治末期のアジア主義者やナショナリストの注目を引かないわけにはいかなかった。ここにいう「韃靼人」とは、タタール人などロシア帝国内のトルコ系ムスリム諸民族の総称であり、このおよそ二〇〇〇万にのぼるムスリム集団の指導的な人物の自信に満ちた言葉は、明治の知識人にとってもきわめて刺激的であったにちがいない。イブラヒムが汎イスラーム主義と重ねて提起したアジア同盟の構想は、彼らの構想にもかなうものであった。はたして、イブラヒムは、参謀本部のエージェントで大アジア主義の活動家として知られた中野常太郎や、同じく参謀本部に勤務し陸軍中佐で退役したあと、東亜同文会の活動に参画した大原武慶らと親交を結び（大原はイスラームに改宗し、イブラヒムから初代カリフと同名のアブー・バクルというムスリム名をもらっている）、彼らの仲介で黒龍会を組織した大アジア主義の総帥、頭山満や衆議院議員の河野廣中、犬養毅らと会談を重ねることになった。イブラヒムと彼らの共通の目標は、イスラーム世界と日本との接近の道を探り（まずは接近の象徴として東京にモスクを建立すること）、アジア同盟の実現をはかることであった。

これらの会談の結果として生まれたのが、アジア諸民族の連帯と防衛を目的とした政治結社、亜細亜義会であった。イブラヒムによれば、その設立は一九〇九年六月七日のことであり、一同は結社の永続をはかるべく誓約の署名をおこなったという（図4）。亜細亜義会の設立主意は、ほぼつぎのようにいう。

われわれの住むアジアは、高邁にして神聖な思想に満ち、世界においてもっとも枢要の位置を占めている。アジアは土地の広さと山河の巨大さ、人口の膨大さ、産物の豊富さにおいて、他のいずれの大陸にもまさっているのである。それゆえにこそ、最古の文明はアジアに生まれ、もっとも偉大な思想はアジアから広まった。しかし、遺憾なことに、現在アジア人は相互に連絡を欠いているばかりか、反目さえいとわない。この敵対こそ、西洋の東方侵略を招いた真因なのである。この点を理解して、その除去に努めなければ、アジア人の未来は危うい。すぐれた倫理と慣行、健全な性格と思想にめぐまれたアジア人は、ひたすら自らを信じて、アジアの改革と発展に努力しなければならない。亜細亜義会を創設したのは、まさにこのためにほかならない。われわれの趣旨をアジアの人士に広くよびかけ、参加と支援をお願いするしだいである。［小松 1998：3–4］

ついで、義会の事業計画としてつぎの四項目を掲げている。

第一 亜細亜諸国の発展をはかるために、その宗教、教育、経済、地理、殖民、国交、政治、軍事などの事項を研究する。
第二　研究の成果は、雑誌によってこれを公刊する。
第三　本会は、清国、タイ、インド、ペルシア、アフガニスタン、トルコ、その他の重要な地方に漸次支部を開設する。
第四　本会は、実地視察のため、会員を亜細亜諸国に派遣する。

義会は、結果として短命に終わったため、これらの事業計画がどこまで実現されたのかは不明である。しかし、会長の大原がイブラヒムの提案を受けて、翌年九月カリフの座すイスタンブルのシェイヒュル・イスラーム（オスマン帝国のウラマー組織の長）に書簡を送り、日本へのウラマー派遣と資金援助などを要請したことは事実である。また、東京モスクの建設計画は、日本側の資金調達がままならず、このときは不成功に終わったが、義会の主意や会則はフランス語訳からオスマン語に翻訳され、イスタンブルの主要な雑誌の一つ『スラト・ミュスタキム』に掲載されている（図6）。この雑誌は、オスマン帝国内のみならずロシア領内のムスリム地域でも読まれていたから、亜細亜義会の構想は、トルコ系ムスリム読者のあいだにかなり広く知られていたと推定することも可能だろう。

一方、イブラヒムは日本を離れたあとも、亜細亜義会の主意にそった活動を続けた。日本による併合直前の朝鮮をへて中国にはいった彼は、日本製品不買運動の高まりをまのあたりにしながら、なおアジアの統一と解放の呼びかけに努めたのである。彼が北京のムスリム新聞『正宗愛国報』に寄稿したという論説「東洋人のための東洋」はその一例だろう。そこでイブラヒムは、ロシアの内陸アジアへの野心、

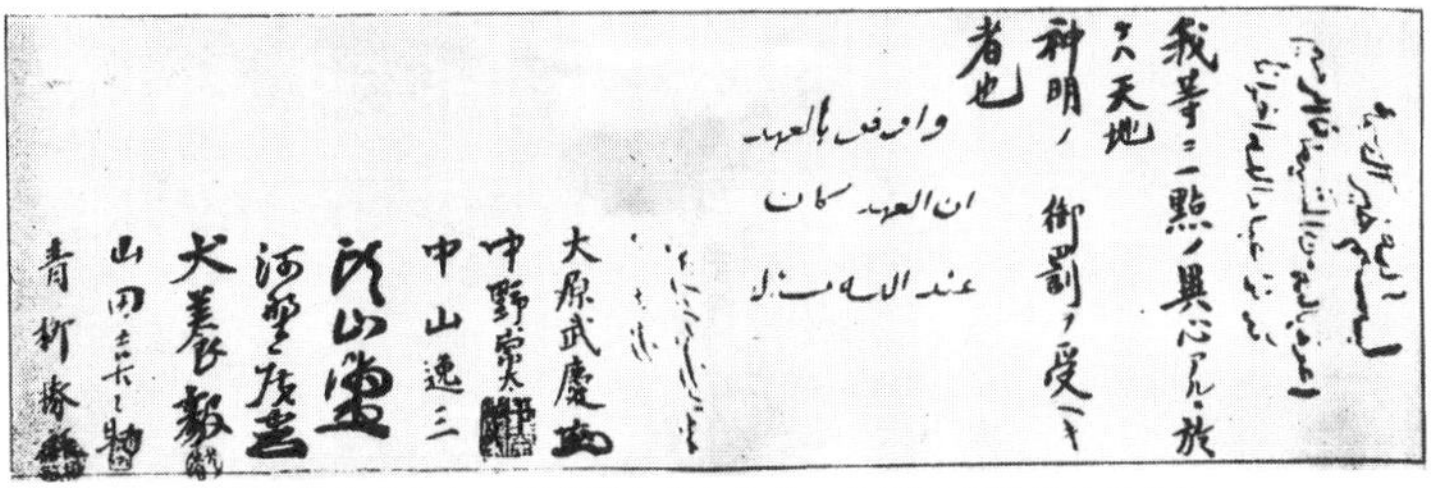

図4　亜細亜義会創立者たちの誓約書と思われる　大原の右隣がイブラヒムの署名(出典：若林半『回教世界と日本』大日社、1937年)。

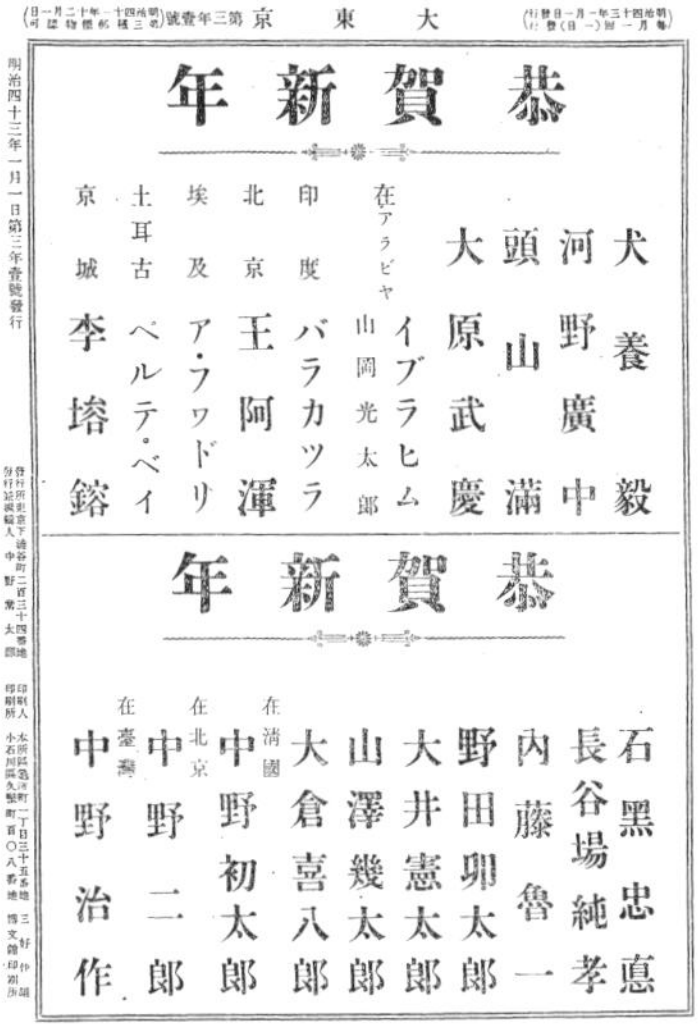
大東京

明治四十三年一月一日第三年壹號發行

恭賀新年

犬養毅
河野廣中
頭山滿
大原武慶
在アラビヤ　イブラヒム　山岡光太郎
印度　バラカツラ
北京　王阿渾
埃及　ア・フワドリ
土耳古　ベルテ・ベイ
京城　李埈鎔

恭賀新年

石黒忠悳
長谷場純孝
内藤魯一
野田卯太郎
大井憲太郎
山澤幾太郎
大倉喜八郎
在満洲　中野初太郎
在北京　中野二郎
在臺灣　中野治作

図5　『大東』の発行人、中野常太郎が発行していた同系の雑誌『大東京』の年賀記事　このときイブラヒムはメッカ巡礼中であった(故中田吉信氏の提供による。出典：『大東京』第3年1号、明治43年1月1日裏表紙)。

図6　亜細亜義会の設立主意と綱領を伝えるイスタンブルの雑誌『スラト・ミュスタキム』(1911年)の記事　機関誌『大東』の表紙も紹介されている。

イギリスのチベット、フランスのトンキン占領、そして列強による近東とイランの分割に言及しつつ、西洋の非道な侵略にたいして東洋が生き残る道は、東洋の連合盟約以外にはないことを指摘し、朝鮮と満州に勢力を扶植した日本への期待をあらわにしているのである。もとより日中合邦論を唱えるイブラヒムにすれば、この論理に矛盾はなかったが、この日本の勢力拡大を是認する議論が中国人読者に与える影響を考慮することはなかったようである。彼はまた王浩然（一八四八～一九一九）ら中国ムスリムの指導者たちにも亜細亜義会の主意を伝えたと思われるが、彼らはやがて「愛国愛教」を掲げて、抗日の立場を明らかにすることになる［松本 2000］。

そして一九一〇年三月、大旅行を終えてイスタンブルに着いたばかりのイブラヒムは、旅の途次ボンベイで合流した日本人としては最初のメッカ巡礼者、山岡光太郎とともにロシア出身ムスリム留学生協会の主催した講演会に招かれ、極東のイスラーム事情について詳細な報告をおこなった。ここで亜細亜義会のかがやかしい未来について熱弁をふるったイブラヒムの演説は聴衆の喝采をあびている。そして、ちょうどこのころ中央アジアの古都ブハラからイスタンブルに留学していたフィトラトは、まもなく中央アジアにおける教育改革運動のマニフェストとなったペルシア語の著作『争論』（イスタンブル、一九一一年）のなかで、イブラヒムの「偉業」をつぎのように称えている。

ノガイ人〔タタール人〕のアブデュルレシト・イブラヒム師は、自宅からわずか一二ルーブルを懐にしただけで、イスラームの統一を打ち立てるために、遥か中国、日本まで赴き、日本の首都東京では数名の貴顕をムスリムとなし、イスラーム結社〔亜細亜義会のこと〕まで開いたとのこと、これぞイスラームへの奉仕以外のなにものでありましょうか。また、その威厳に山も震える日本のある大臣は、その余暇を庶民の児童の教育にあてているとのこと。〔小松 1996:91〕

ここに登場する大臣とは、イブラヒムが実際に訪問した大山巌と考えて間違いないだろう。ちなみに、この部分はロシア領トルキスタンで『争論』のウズベク語訳が刊行された際、検閲のためにトルストイの人道主義におきかえられた。明敏な読者はその不自然さに気づいたにちがいない。

しかし、イスラーム世界の盟主たるオスマン帝国と日本との連携をはかろうというイブラヒムの構想は、すでに時代の動きに取り残されていたことも事実であった。イブラヒムがその遠大な構想を胸に訪ねたオスマン帝国の老練の政治家キャーミル・パシャは、彼にこう語っている。

先生、来られるのがいささか遅かったのです。〔アブデュル〕アジズ帝〔在位一八六一～七六〕の御代にみえていれば、さぞかしご厚意をたまわったことでしょう。故人はこのようなことがことのほかお好みでしたから。当時わが海軍には威力があり、あなたのような方を特別の装備とともに派遣したことでしょう。〔アブデュル〕ハミト帝〔在位一八七六～一九〇九〕もウラマーの使節団を送るはずでしたが、わが軍艦エルトゥールルは不幸な結果に終わりました。ハミト帝もお好きでしたが、力はなかったのです。〔小松 1998:73〕

イブラヒムのユーラシア旅行中に起こった青年トルコ人革命（一九〇八年）とこれにたいするイスラーム主義者たちの反革命事件（一九〇九年）を契機として、長く汎イスラーム主義を唱道しつつ専制政治をおこなったアブデュルハミト二世は退位をよぎなくされ、これにかわって立憲政を回復した青年トルコ人たちは、むしろトルコ主義というナショナリズムに国家統合の理念を求めていた。いずれにせよ、危機にあえぐ帝国の保全に腐心するオスマン政府にあらたな東方外交を展開する余力はなかったのである。

戦争と革命のなかのイブラヒム

イスタンブルの新しい政治環境は、イブラヒムにとって好適とはいいがたかったとはいえ、彼はここで汎イスラーム主義のジャーナリストとして活発な活動を展開することになる。まず、彼の大旅行記『イスラーム世界』全二巻は、その名を広く知らしめる代表作となったが、それをたんなる旅行記とみなすことはできないだろう。それは、一貫してイスラーム国際主義の立場から二十世紀初頭の世界を読み解き、イギリスやロシアの植民地統治を告発する一方で、宗派対立や無知と不正の横行などイスラーム世界の弱さと矛盾を自ら批判することによって、迫真の啓蒙文学の性格を獲得することになったからである。さらに、日本と日本人にかんするその詳細な記述は、トルコにおける日本観の形成に寄与したことも見逃すことはできない。とりわけ、『イスラーム世界』に触発された僚友の詩人メフメト・アーキフ(一八七三～一九三六)の作品は、イスラームの観点からみても完璧な「日本人の美徳」のイメージを敬虔なムスリムのあいだに定着させることになった。ちなみに、アーキフはのちのトルコ共和国国歌の作詞者となる。

この大著の刊行と並行して、イブラヒムは、イスラーム世界の最新動向を伝えるとともに各地のムスリムによる意見の交換と情報の共有をはかるために『ムスリムの親交』や『イスラーム世界』などの雑誌を創刊し、自らも健筆をふるっている。前者には、亜細亜義会メンバーからの投稿もみえ、イブラヒムはジャーナリズムを駆使して日本との連携を維持していたことがわかる。

イブラヒムの行動力は、オスマン帝国を襲った一連の戦争のなかでも発揮された。一九一一年イタリア軍がオスマン帝国領の北アフリカ、リビアに侵攻すると、老齢にもかかわらず自ら前線に赴いて防衛軍を鼓舞し、オスマン人にジハードを呼びかけるとともに、大旅行のあいだにつちかった同志のネットワークを使って日本、ジャワ、インドなどからの精神的・物質的な支援を求めたのである。こうした試みは、翌年のバルカン戦争のときにも繰り返されている。これらの活動を契機として、彼は青年トルコ人の領袖エンヴェル・パシャ(一八八一～一九二二、のちの陸軍大臣)と親交を結んだという。

しかし、一九一四年第一次世界大戦が始まると、イブラヒムはより深刻な事態に直面することになった。オスマン帝国とロシアが対戦することにより、同じトルコ系ムスリムのオスマン人とタタール人などロシア領内のムスリム諸民族とが敵味方に分れることになったからである。そこでイブラヒムが選んだのは、同盟国ドイツの捕虜となったロシア軍将兵のなかからオスマン軍とともに戦うタタール人将兵をつのる任務であった。こうして彼はベルリンに赴き、『イスラームのジハード』紙の刊行や捕虜収容所のなかでイマーム職を務めることにより、ムスリム将兵からなるアジア大隊の編成に尽力した。この大隊はまもなく実戦に配備され、イラク戦線でイギリス軍と戦うことになる[Türkoğlu 1997:70-76]。

オスマン帝国の敗戦後、活動の場を失ったイブラヒムは、一九一八年十月末ロシア革命後の内戦が続く祖国への帰還を決意する。帝政時代の抑圧はいまや終わったと期待していたのかもしれない。かつて見慣れたペテルブルクやモスクワの惨状と、極度の飢餓に襲われたヴォルガ・ウラル地方の窮状を見ながら故郷タラにたどり着いた彼は、そこでおよそ二年間ムスリム子弟の教育にあたった。しかし、ボリシェヴィキの暴圧に直面した彼は、ふたたび旅の人となり、新疆《しんきょう》から北京に赴き、ウラジヴォストーク経由でモスクワに向かった。ムスタファ・ケマル指揮下のトルコ独立戦争勝利の報を聞いたのは、この旅の途次のことであった。モスクワではクレムリン首脳と接触し、なおもソヴィエト体制下でイスラームが存続する道を探ったと思われる。しかし、一九二三年五月タタール人の指導的なムスリム・コミュニスト、スルタンガリエフ(一八九二〜一九四〇)が逮捕・除名されたことが示すように、ソヴィエト政権の方向は明らかであった。ソヴィエト政権に見切りをつけたイブラヒムは、ふたたびイスタンブルに戻った[Türkoğlu 1997:81–94]。

イブラヒムの再来日

新生のトルコ共和国におけるイブラヒムの立場は、以前よりも遥かにむずかしいものとなっていた。すでに独立戦争期からソヴィエト・ロシアと友好関係を結んでいたトルコ政府からすれば、イブラヒムに反ソヴィエト的な言動を許すことはできず、さらに加えて一九二四年歴史的なカリフ制を廃止して確実に世俗国家への道を歩む共和国の理念に、彼の汎イスラーム主義はなじまなかったからである。一九二五年以降、イブラヒムは内陸部のコンヤに逼塞《ひっそく》することをよぎなくされた。それはすでに齢《よわい》七十にかかっていた彼にとっては、ある意味で安らかな老後を約束するはずだったのかもしれない。しかし、一

図7　若林半『回教世界と日本』（一九三七年）の表紙に記されたイブラヒムの題字　「イスラーム世界における日本」とある。

...بزنك عيد فطرلارى مبارك بولسن!

1944 18 سينتەبر دوشنبه

(389) 29 صان

ملى بيراق

Registered at the Cent. P. C as a Newspaper
THE "MILLI BAYRAK"
The National Organ of Idel-Ural TURK-TATARS in Greater East Asia.
Cent. P. O. Box 104
MUKDEN.

حاج الحرمين عبدالرشيد قاضى ابراهيمنك

رشيد قاضى وفات

図8　イブラヒムの訃報　奉天で刊行されていた亡命タタール人の新聞『ミッリー・バイラク（民族旗）』の一九四四年九月十八日号より。（早稲田大学図書館所蔵）

九二九年ころから彼は在トルコ日本大使館の武官から来朝の勧誘を受けるようになった。日本招請の真相は今後の解明を待たなければならないが、アジアに広がるイスラームの戦略的重要性を理解し始めていた日本の当局にとって、イブラヒムのような著名なウラマーの協力はきわめて価値あるものだったにちがいない。こうして一九三三年十一月、彼はふたたび来日をはたすことになった。

東京に居をすえたイブラヒムは、一九三八年五月十二日に落成した代々木モスクでイマーム職を務め、内外のムスリムの指導にあたった(現在のモスクは、二〇〇〇年に再建)。彼はまたロシア革命後、満州や日本に難を避けたタタール人コミュニティーの長老として活動したが、ソ連領内のヴォルガ・ウラル地方にタタール人の独立国家建設をめざしたナショナリストのグループにたいしては、これを「独立妄想狂」として激しく非難している。この間もジャーナリストとしての活動は衰えをみせず、東京回教団の刊行するタタール語雑誌『新日本通報(ヤニ・ヤポン・ムフビリー)』に健筆をふるった。これらの論説を考察したテュルクオールの研究によれば、来日以降のイブラヒムは新しい世界大戦の勃発を予感し、ムスリムに向けてきたるべき戦争においては日本を支援するように呼びかけたという。タタール人の解放もソヴィエト・ロシアにたいする日本の勝利によってはじめて可能なのであった[Türkoglu 1997:97]。ちなみに『新日本通報』は、「世界回教諸国ニ日本ヲ紹介スル唯一ノ雑誌」とうたっていた。

イマーム職とならんでイブラヒムのもうひとつの重要な活動は、日本の対ムスリム政策への協力であった。モスク開堂から四カ月後、イブラヒムもその創設にかかわった大日本回教協会が陸軍大将林銑十郎を初代会長として誕生している。その設立の趣旨は、「東亜新秩序の建設」にあたって「世界に三億を数えるムスリム諸民族」の存在に注目し、彼らと日本とのあいだに親密な関係を築くことにあった。協会は月刊誌『回教世界』を刊行してイスラーム事情の紹介にあたる一方、戦時中のアメリカ戦略局資料によれば、満州や中国などの占領地のムスリム組織を統轄していたという。アジア各地のムスリムの宣撫に努めていた日本当局にとって、イブラヒムのようなイスラーム指導者は、このうえなく貴重な人材だったはずである。彼が日本の行く末にどれほどの確信をもっていたのかは定かではない。イブラヒムは、日本の敗色濃厚な一九四四年八月三十一日東京に没し、多磨墓地に葬られた。

以上、生涯をとおして汎イスラーム主義の志を貫いたアブデュルレシト・イブラヒムの活動を日本との関係を中心に概観した。このような波乱に富んだイブラヒムの軌跡は、イスラーム世界の現代史という観点のみならず、日本現代史の観点からも注目に値するだろう。最後に、イブラヒムのもうひとつの遺産にふれておこう。コーランの日本語訳(岩波文庫版)でも知られるイスラーム学の泰斗井筒俊彦は、作家司馬遼太郎との対談のなかで興味深いエピソードを披露している。博士は大学助手のとき、晩年のイブラヒムから生きたアラビア語を習い、イスラーム研究への道を開かれたというのである。その後、博士が日本のみならず世界のイスラーム研究に大きく貢献されたとすれば、イブラヒムの名前は日本のイスラーム研究史のなかでも忘れることはできないであろう。

参考文献

アブデュルレシト・イブラヒム、小松香織・小松久男訳『ジャポンヤ――イスラム系ロシア人の見た明治日本』第三書館　一九九一年（『イスラーム世界』から日本の部の邦訳）
アブドラシット・イブラヒム「韃靼人独立の希望」（『外交時報』一三七号　一九〇九年）
池井優・坂本勉編『近代日本とトルコ世界』勁草書房　一九九九年
セルチュク・エセンベル「トルコ人の目から見た近代日本」（小島孝之・小松親次郎『異文化理解の視座――世界からみた日本、日本からみた世界』東京大学出版会　二〇〇三年）
小松香織『オスマン帝国の近代と海軍』（世界史リブレット79）山川出版社　二〇〇四年
小松久男「一九〇五年前後の世界――ロシア・ムスリムの視点から」（歴史学研究会編『強者の論理――帝国主義の時代』〈講座世界史5〉東京大学出版会　一九九五年）
小松久男『革命の中央アジア――あるジャディードの肖像』東京大学出版会　一九九六年
小松久男「危機と応戦のイスラーム世界」（『イスラーム世界とアフリカ』〈岩波講座世界歴史21〉岩波書店　一九九八年）
小村不二男『日本イスラーム史』日本イスラーム友好連盟　一九八八年
坂本勉『イスラーム巡礼』（岩波新書）岩波書店　二〇〇〇年
司馬遼太郎ほか『司馬遼太郎歴史歓談』中央公論新社　二〇〇〇年（初出は『中央公論』一九九三年一月号）
杉田英明『日本人の中東発見――逆遠近法のなかの比較文化史』東京大学出版会　一九九五年
松本ますみ「中国イスラーム新文化運動とナショナル・アイデンティティ」（西村成雄『ナショナリズム――歴史からの接近』〈現代中国の構造変動3〉東京大学出版会　二〇〇〇年）
三沢伸生「亜細亜義会機関誌『大東』に所収される二〇世紀初頭の日本におけるイスラーム関係情報」（『東

洋大学アジア・アフリカ文化研究所研究年報』二〇〇一年　三六号）
若林半『回教世界と日本』大日社　一九三七年
Office of Strategic Services, Resarch and Analysis Branch, *Japanese Infiltration among Muslims in Russia and Her Borderlands*, August 1944.（R & A No. 890. 2）
Türkoğlu, İsmail, *Sibiryalı Meşhur Seyyah Abdürreşid İbrahim*, Ankara: Türkiye Diyanet Vakfı, 1997.

あとがき

国際交流基金アジアセンターの二〇〇二年度第一期アジア理解講座として、「イスラーム理解のためのキーワード」を実施したのは、五月から七月へかけてのことであった。センターから講座企画の依頼を受けたとき、ちょうどその三月末で、五年にわたって続いてきた「イスラーム地域研究」プロジェクトが終了することになっており、その成果を生かした講座を開くことは可能かもしれないと考えた。ただ現在の日本では、イスラーム関係の講座があちこちで開催され、入門書や概説書もすでにかなりの数が出版されている。そこで思い浮かんだのが、アラビア語、ペルシア語、トルコ語のキーワードを選び、それらを通じてイスラームの歴史や文化についての理解を深めるというのはどうだろうか、ということであった。

一回につき一つのキーワードを取りあげ、全一〇回で一〇個、そのうち六～七は比較的よく知られているもの、残りの三～四は一歩ふみ込んで理解することが必要なものとする、これが選択の基準であった。こうして、結果として「イスラーム」のほか、合計一二のキーワードが選ばれた。「コーラン」「スンナとハディース」「ウンマ」「シャリーア」「カリフとスルタン」「タージルとウラマー」「ダウラ」「イシャーン」「ジャポンヤ」がそれである。以上一二のキーワードが意味することをすべて正しく答えられる人は、かなりのイスラーム通といってよいであろう。いや「正確な理解」という条件をつければ、半分でもたいしたものかも知れないと思う。異文化の理解には「何となく知っている」という場合が少なくないからである。

私は、講座聴講者へのメッセージの最後に「これらのキーワードを修得すれば、イスラーム理解の程度は着実に向上する、これが本講座のねらいである」と書いた。この思いは今でもかわらないといえよう。かつて清代の中国では、Godを「神」と訳すか、「上帝」と訳すかをめぐって熱い議論がたたかわされた。これに関連して考えれば、Allāhを「神」と訳していいのか、またdawlaを「国家」と訳していいのか、という根本的な疑問も湧いてくる。本書を通じて、アラビア語などのキーワードを日本語で理解することの重要性と同時に、その難しさにもぜひ注意を払っていただきたいと思う。

講座を実施したときには、講義をまとめて出版することは予定されていなかった。それで、山川出版社から話があったとき、改めて竹下政孝、柳橋博之、加藤博、小松久男の四氏に意向をうかがったところ、みなさんから「それではやってみましょう」という前向きのお返事をいただいた。しかもテープおこしの原稿に手を加えるのではなく、講座での話をもとに新しく原稿を書いてみようということでも意見が一致した。その結果、イスラームの歴史と現在にかかわるキーワードをわかりやすく読み解く、上質な入門書に仕上げることができたのではないか。これが編者としての素直な感想である。

私はいまナイルの都カイロでこの「あとがき」を書いている。一九七〇年にはじめてカイロを訪れてから三三年、この間にエジプトの国家と社会について、あるいは巨大都市カイロの社会生活について、どれだけ理解を深めることができたのか。改めて振り返ってみると、かなりあやしい気がしてくる。私の理解は、限られたアラビア語の史書や断片的な見聞にもとづくものではないのか。この「偏り」を修正するためには、やはり、ときどき歴史と現在を含む「全体」を見直す作業が必要なのであろうと思う。九月十一日のテロ事件やターリバーン政権の成立と崩壊についてみても、それぞれの事件の背景を探っていけば、必ず歴史や宗教や文化の問題に行きつくはずである。そのようなときに、本書は多少なりとも有効な手だてを提供することができるのではないかと考えている。

ただ、本書で取りあげた「イスラーム」や「コーラン」、あるいは「ウンマ」や「シャリーア」や「ダウラ」などについて、その理解の仕方は固定したものではないことにも注意していただきたい。現代のイスラーム社会に生きる知識人たちは、新しい観点から、これらの基本用語についても、つねに再解釈の試みをつづけている。その意味では、これらの用語はいまでも生きており、変化しつつあるとみることができるからである。

本書は、執筆から校了まで、比較的すらすらと作業を進めることができた。これは共同執筆者の方々の協力と同時に、編集を担当してくださったヴェテランと新人、お二人の手腕によるところが大きい。最後になりましたが、心からお礼申し上げます。

二〇〇二年九月五日　カイロにて

佐藤次高

執筆者紹介（執筆順）

佐藤次高　さとう つぎたか
1942年生まれ。早稲田大学文学部教授，東京大学名誉教授，財団法人東洋文庫研究部長
主要著書：『中世イスラム国家とアラブ社会——イクター制の研究』（山川出版社，1986），『マムルーク——異教の世界からきたイスラムの支配者たち』（東京大学出版会，1991），『イスラームの「英雄」サラディン——十字軍と戦った男』（講談社，1996），『聖者イブラーヒーム伝説』（角川書店，2001），『西アジア史Ⅰ』（編著，山川出版社，2002）

竹下政孝　たけした まさたか
1948年生まれ。東京大学大学院人文社会系研究科教授
主要著書：*Ibn ʻArabī's theory of the perfect man and its place in the history of Islamic thought* (Institute for the Study of Languages and Cultures of Asia and Africa, 1987)，『イスラームの思考回路』（編著，悠思社，1995），『イスラーム哲学』（監修，平凡社，2000）

柳橋博之　やなぎはし ひろゆき
1958年生まれ。東京大学大学院人文社会系研究科准教授
主要著書・論文：『イスラーム財産法の成立と変容』（創文社，1998），『イスラーム家族法——婚姻・親子・親族』（創文社，2001），「8世紀サワードにおける小麦の収穫率を算定する試み」『イスラム世界』（日本イスラム協会，2003）

加藤　博　かとう ひろし
1948年生まれ。一橋大学大学院経済学研究科教授
主要著書：『文明としてのイスラム——多元的社会叙述の試み』（東京大学出版会，1995），『アブー・スィネータ村の醜聞——裁判文書からみたエジプトの村社会』（創文社，1997），『イスラム世界論——トリックスターとしての神』（東京大学出版会，2002）

小松久男　こまつ ひさお
1951年生まれ。東京大学大学院人文社会系研究科教授
主要著書・訳書：『イスラム都市研究』（共著，東京大学出版会，1991），『革命の中央アジア——あるジャディードの肖像』（東京大学出版会，1996年），『中央ユーラシア史』（編著，山川出版社，2000），アブデュルレシト・イブラヒム『ジャポンヤ——イスラム系ロシア人の見た明治日本』（共訳，第三書館，1991）

アジア理解講座 2

キーワードで読《よ》むイスラーム　歴史《れきし》と現在《げんざい》

2003年10月31日　1版1刷　発行
2008年 2 月28日　1版3刷　発行

編　者　佐藤次高《さとうつぎたか》

企　画
協　力　独立行政法人 国際交流基金アジアセンター

発行者　野澤伸平

発行所　株式会社 山川出版社
〒101-0047　東京都千代田区内神田 1-13-13
電話　03(3293)8131(営業)　03(3293)8134(編集)
振替 00120-9-43993
http://www.yamakawa.co.jp/

印刷所　株式会社 シナノ

製本所　株式会社 手塚製本所

装　幀　菊地信義

ISBN978-4-634-47420-8

・造本には十分注意しておりますが，万一落丁・乱丁本などがございましたら，小社営業部宛にお送りください。
送料小社負担にてお取替えいたします。

・定価はカバーに表示してあります。